Garbanzo de a Libra

CÓMO ENCONTRAR Y CONTRATAR AL VENDEDOR QUE ABRIRÁ CUENTAS PARA TU EMPRESA

Por: René Fajer

Copyright © 2023 René Fajer

Todos los derechos reservados.

ISBN: **9798374139075**

DEDICATORIA

Para todos aquellos maestros vendedores que me enseñaron sus cualidades en forma tan divertida.

RENÉ FAJER

CONTENIDO

1	El Sistema de los 8 Pasos	7
2	La Personalidad del Vendedor	12
3	La Honestidad	35
4	El Temperamento	38
5	Los estilos de Vender	44
6	La edad del vendedor y cómo influye en su desempeño	50
7	Contrato, sueldo y bonos	55
8	La experiencia	61
9	El trabajo a distancia	66
10	Cómo atraer a los prospectos	69
11	La revisión del currículum	75
12	Las ventas de marcas reconocidas por el mercado	80
13	La entrevista	84
14	Los antecedentes laborales	91
15	¿El vendedor nace o se hace?	95
16	El periodo de prueba	98
	Palabras finales	103
	Soy René Fajer	104

INTRODUCCIÓN

EL PROBLEMA DE ENCONTRAR EXCELENTES VENDEDORES

A lo largo de 20 años que he estado dedicado al reclutamiento y selección de personal, el propósito ha sido siempre buscar y seleccionar a los mejores vendedores ya que -sin ventas no hay empresa que subsista y sin vendedores que desplacen sus productos la empresa se iría a la ruina-. La dificultad de la tarea es encontrar a buenos vendedores en medio de una gran cantidad de muchos otros que realmente no son vendedores efectivos pero que dificultan encontrar a los reales **Garbanzos de a Libra**.

Las empresas sufren para encontrar vendedores de verdad, porque en general el equipo con el que cuentan está compuesto por un 80% de aquellos que no lo son, sólo uno o dos se pueden considerar excelentes y sobre estos se consigue el mayor porcentaje de desplazamiento de los productos de la empresa; es decir, entre los medianos y los excelentes, logran el 80% de los negocios para la empresa, lo que coincide con el principio de Pareto que dice que el 80% de los resultados se consiguen con el 20% de los recursos; es decir, los negocios los cierra solo el 20% del personal del área de ventas.

EL VENDEDOR GARBANZO DE A LIBRA HACE LA GRAN DIFERENCIA

Contar con al menos un vendedor **"Garbanzo de a Libra"** te ayudará a elevar el estándar de la meta de desplazamiento de tus productos, lo que para el demás personal del área les dejará en evidencia cuando argumenten el clásico: "el mercado está deprimido", o "la competencia ofrece mejores productos que los nuestros" o "estamos fuera de precio", etc.

Los **Garbanzos de a Libra** no sólo existen en el ramo de las ventas, también los podemos encontrar en otros rubros como en los deportes; Maradona, por ejemplo, fue un futbolista excepcional y aún lo podemos recodar en algunas grabaciones de sus hazañas deportivas, también lo fue Michael Jordan, en el básquetbol o Babe Ruth, famoso como el mejor bateador de los Yanquis de NY. Contar con un "**Garbanzo de a Libra**" en un equipo, es el sueño de los empresarios y los entrenadores de los equipos deportivos, y ¿por qué lo digo?, porque los deportistas excepcionales ganan campeonatos y muchas medallas, como lo hizo Maradona con el equipo de Argentina en 1986 jugando excepcionalmente y siendo el jugador más valioso, probablemente, de todos los participantes en el campeonato mundial. Maradona obtuvo el récord de ser cinco veces el máximo goleador de los clubes en el campeonato de Argentina y también ganó una Copa UEFA con el equipo Napoli.

PERO... ¿EN DÓNDE ENCONTRAR A LOS VENDEDORES GARBANZO DE A LIBRA?

Los vendedores **Garbanzos de a Libra** no son fáciles de encontrar en el mercado del trabajo, pero en este libro te llevaré paso a paso para ayudarte a identificarlos y que no se te escapen para que los contrates.

Sólo por un momento imagínate lo que sería de tu empresa si logras conseguir un vendedor **Garbanzo de Libra**, los que llevan este título nacieron para hacer las grandes ventas, les encanta conseguir a los clientes más difíciles, para ellos es pan comido y salen a la calle a buscar más y mayores clientes. Están llenos de energía, son alegres, empáticos, sociables, les caen bien a todo el mundo, en un momento que te cruzas con él te contagiará su alegría, su encanto, no es que él quiera venderte, resulta que muchos clientes solo quieren comprarle para estar más tiempo con alguien que les hace sentirse vivos y les contagie su entusiasmo y su energía, ¿te gustaría encontrar a alguien así para tu empresa?

Durante 25 años tuve una empresa dedicada a la fabricación de equipo para oficina. Ahí tuvimos a un vendedor del tipo "Garbanzo de a Libra" y tal como lo describo arriba, ese era su perfil.

LA HISTORIA DE ALEJANDRO, UN "GARBANZO DE A LIBRA"

Alejandro llegó a la empresa pidiendo una oportunidad, él era repartidor de refrescos de una marca muy conocida y esa mañana entró a las oficinas de la empresa para solicitar trabajo a mi socio que era el director de la empresa, y fue aceptado de inmediato, tal vez porque su manera sencilla y divertida de ser hizo que la decisión se tomara ahí mismo y a partir de ahí la historia de nuestra empresa cambió, porque los pedidos que traía Alejandro eran pedidos de cientos de calculadoras, no de 10 o 20, que era lo que vendían los otros vendedores.

Pero te debo decir que muchas veces los **Garbanzo de a Libra** no son tan bien portados como la mayoría de los vendedores, por lo que hay que aprender a convivir con ellos y consentirlos porque no son abundantes. El ya mencionado **Garbanzo de a Libra** del futbol: Maradona, le dio muchos problemas al entrenador del River Plate, pero se compensaba con la efectividad con la que ganaban los partidos, él era el que metía los goles y con eso se ganaban los partidos porque de eso se trata el juego del futbol, así que era mejor aguantarle sus rabietas y su indisciplina a cambio de los resultados excepcionales. Algo semejante pasaba con Alejandro, era indisciplinado, llegaba tarde y muchas veces no se aparecía en la oficina sin explicación alguna.

El gerente de Alejandro se quejaba amargamente de él porque ponía el mal ejemplo a los otros vendedores, era difícil imponer una disciplina en el departamento si a Alejandro se le perdonaba todo porque simplemente daba resultados. El gerente le reclamaba al director de la empresa que debía despedirse a Alejandro por su indisciplina, por ser un mal ejemplo para sus compañeros y el director le contestaba que sí, que lo correría con mucho gusto si a cambio le conseguía a otro que hiciera las ventas como Alejandro y además fuera disciplinado, y con eso se acababa la discusión.

LAS VENTAJAS DE CONTAR CON UN "GARBANZO DE A LIBRA"

Un buen vendedor es un activo esencial para la empresa. Cuando un vendedor excepcional deja a la empresa, ésta sufre las consecuencias en todas las partes que la componen. Los empresarios son cuidadosos de cuidarlos evitando que otras compañías pretendan llevárselos porque eso significaría una gran pérdida.

Cuando algún cliente me solicita un vendedor, le busco al **Garbanzo de a Libra**, no importa que sea escaso, hay que aplicar las técnicas y los criterios que señalo en este libro para encontrarlo y sabiendo que con un elemento así, estará siendo beneficiado y más que satisfecho. A veces tardo en encontrarlo y cuando no llega y al cliente le urge cubrir la plaza le consigo al mejor elemento que puedo encontrar, si los clientes tuvieran paciencia y dieran el tiempo necesario para hallar al **Garbanzo de a Libra** lo encontraría sin lugar a duda, pero a veces esa búsqueda se vuelve lenta y otras puedo tener la suerte de encontrarlo de inmediato, lo importante en todos los casos es saberlos detectar a tiempo antes que las otras empresas.

Así que vamos a activar todos los sensores que necesitamos para localizar a uno de ellos. Con las herramientas que te proporcionaré a lo largo de este libro, podrás detectarlos, esto es un poco cuestión de suerte y de habilidad, aquí te digo cómo desarrollar tus sentidos para la detección y si pasado el tiempo tienes que decidir por un vendedor porque no puedes esperar la llegada del **Garbanzo de a Libra**, no te preocupes, al menos tendrás uno de alta rentabilidad y no a un *calienta asientos*.

CÓMO SON LOS VENDEDORES "GARBANZO DE A LIBRA"

Las empresas saben lo importante que es contar con excelentes vendedores y cuidan de no perder a los mejores. En algunas ocasiones no se sabe que cuentan con el **Garbanzo de a Libra** entre sus filas porque puede ser que estén en desarrollo, adquiriendo las habilidades aceleradamente. En otras ocasiones los gerentes no toleran un comportamiento que juzgan indisciplinado de estos excepcionales elementos, por lo que optan por darlos de baja y así pierden la oportunidad de contar con una fuerza de venta eficaz y productiva a cambio de otra formada por *bien portados*. A lo largo de este libro te diré **cómo es la personalidad del vendedor exitoso, cómo atraerlo y luego cómo pescarlo.**

Hay también vendedores **Garbanzo de a Libra** que son bien portados, y que hacen ventas excepcionales con consistencia, por lo que no debes pensar que todos los vendedores excepcionales son mal portados, como lo dije en los ejemplos de los grandes y exitosos deportistas, también tenemos a un Michael Jordan, Leonel Messi, Cristiano Ronaldo o Pelé, todos ellos son grandes deportistas y además bien portados. El que se tenga que retener a algunos vendedores excepcionales que tienen el inconveniente de ser indisciplinados es en función de la escasez de esos talentos en el mercado.

No se debe permitir, tan solo porque se cuenta con un vendedor excepcional, que sea un mal ejemplo para los vendedores medianos, se necesita exigir que sea disciplinado, pero al mismo tiempo tú debes ser más paciente para no tomar una decisión que, por la sola disciplina te haga deshacerte de aquél que puede ser un gran activo para la empresa. Se debe también evitar que, por la indisciplina de ese vendedor, se relaje la de los vendedores medios.

Hasta aquí es suficiente con estas líneas de lo que vas a encontrar en este libro. Ahora te invito a que leas todos los capítulos para que tengas en tus manos el poder de beneficiar a la empresa con la contratación de vendedores excepcionales. Estamos hablando una vez más de los Garbanzos de a Libra.

Capítulo 1
EL SISTEMA DE LOS 8 PASOS

*Establecer metas es el primer paso
para convertir lo invisible en visible*
Antony Robbins

EL PROCESO DE BÚSQUEDA, SELECCIÓN Y CONTRATACIÓN DE PERSONAL

Para los que no lo saben, un **Garbanzo de a Libra** es una expresión que se utiliza en México para referir a algo excepcionalmente bueno y difícil de encontrar; esta frase se la oí decir a mi padre por primera vez al igual que la folklórica expresión "**se me queman las habas**" para indicar que alguien está listo para empezar algo.

La expresión **Garbanzo de a Libra** será entonces la que emplearemos para significar a los vendedores exitosos, activos, llenos de entusiasmo y capaces de venderle refrigeradores a los esquimales. A los vendedores fuera de serie, que son los que debes encontrar y cómo lograrlo, es el objetivo que tiene este libro.

LA BÚSQUEDA

Para este fin establezcamos primero un sistema de búsqueda que sea efectivo para localizarlos, contratarlos y retenerlos. Para ello, es importante desmenuzar los factores que se necesitan conjuntar para alcanzar, empezando por su búsqueda, dando respuesta a la pregunta: ¿dónde se encuentran?

LOS SISTEMAS

Un sistema es un conjunto de pasos que, al recorrerlos uno a uno, nos llevarán al resultado esperado. Todo sistema se basa en la experiencia y observación de esos pasos. Es un proceso intuitivo que se va ajustando de acuerdo con lo que queremos. Así tenemos el sistema de ventas que, si lo hemos encontrado, nos dará resultados siempre exitosos; o bien un sistema para resolver problemas, como es el diagrama de espinas de pescado que aplicaba en la empresa para localizar y resolver los problemas de índole técnica, desde la localización de una falla hasta resolver un problema en el flujo de materiales en el almacén, etc. Si lo que hacemos no lleva un sistema asociado, entonces hay que buscarlo. Lo más importante es establecer los pasos necesarios para alcanzar lo que queremos en forma eficaz.

En una ocasión, hablando con un taxista, me platicaba sobre un problema que tenía con un terreno donde había construido su casa y que estaba cerca de un cerro, éste era un lugar muy pedregoso y él quería construirle a su hijo recién casado una casa adicional con algunos cuartos y así tenerlo con su familia, como es la costumbre de muchas personas. Entonces se dio a la tarea de sacar las piedras del terreno para luego nivelarlo y así edificar la casa.

Después de iniciar los trabajos de quitar las piedras del terreno, se encontró con que al centro había una enorme roca. Usando un zapapico empezó a darle de golpes para resquebrajarla y sacarla pedazo a pedazo, pero sus intentos eran inútiles y no lograba conseguirlo a pesar de la gran cantidad de golpes que le daba. La roca era demasiado grande y dura, por lo que llevaba ya varias semanas dándole duro sin resultados, hasta que un amigo le dijo que conocía una persona que podría ayudarle. Los puso en contacto inmediatamente y después del consabido arreglo económico, el especialista en despejar de rocas los terrenos aceptó el trabajo.

El día acordado, el especialista llegó con sus herramientas. Según me me comentó el conductor de taxis, se trataba de un tipo delgaducho, por lo que no podía creer que tuviera la fuerza para sacar la roca. Sin embargo, confiaba en la recomendación que le habían hecho, así que más por curiosidad que por convicción, lo dejó realizar su trabajo. Lo primero que hizo fue sacar un cincel y un martillo y con ellos comenzó a pegar en diferentes partes del lugar donde se encontraba la roca y a cada golpe se escuchaba un sonido al cual ponía especial atención. El sonido que resultaba al pegar, le iba indicando en qué zonas estaban los puntos donde la roca tenía alguna fisura y entonces los marcaba. Después de encontrar unos cinco puntos que sonaban distinto que en otros lugares, empezó a golpear con otro cincel con punta en forma de dado y con un cincel y martillo marcó los puntos sobre la roca. Luego procedió con golpes más duros sobre esos puntos hasta que se escuchó un fuerte tronido, indicando que la roca se había fracturado y en cada punto que había localizado con un sonido diferente pasó lo mismo. Al terminar su trabajo le dijo al conductor que la roca estaba lista para sacarla en pedazos pequeños, lo que sería más fácil de hacer y con poco esfuerzo.

Esta es la diferencia entre **trabajar con un sistema** y **trabajar con la fuerza bruta**, el conductor se dio cuenta que golpeando la roca como lo había estado haciendo, haría que el trabajo fuera más pesado y sin resultados, mientras que el especialista, aplicando su sistema, consiguió romper la roca con muy poco esfuerzo, usando para ello de una secuencia de pasos que lo condujo al resultado más fácilmente.

Aplicando el ejemplo del especialista en romper rocas, se trata de buscar a nuestro vendedor **Garbanzo de a Libra** en una forma **sistemática**, paso a paso, para que resulte un trabajo con menor esfuerzo y con resultados más rápidos.

La secuencia que te propongo para buscar tu candidato **Garbanzo de a Libra** o cualquier otro puesto, es el siguiente:

EL SISTEMA DE LOS 8 PASOS

El sistema para conseguir a los **Garbanzos de a Libra** consiste en los siguientes pasos:

1. Definir el perfil que queremos.
2. Publicarlo en forma clara y atractiva para llamar la atención del prospecto que busca.
3. Filtrar a los prospectos en la misma plataforma, aprovechando las herramientas con que cuenta.
4. Seleccionar aquellos prospectos que cumplen con los requerimientos del perfil.
5. Hacer la entrevista personal a los candidatos seleccionados.
6. Revisar cuidadosamente los antecedentes laborales.
7. Negociar las condiciones generales de trabajo, especialmente en lo referente al sueldo.
8. Firma del contrato legal.

RESUMEN

- Si no sabes lo que quieres, terminarás con cualquier cosa que no quieres
- El proceso de la búsqueda y selección de personal requiere de seguir un sistema
- Seguir un sistema es mejor que usar la fuerza bruta para lograr lo que se quiere.

- Para encontrar tu **Garbanzo de a Libra** se recomienda aplicar el sistema de los 8 pasos.

EN EL SIGUIENTE CAPÍTULO

Para iniciar la búsqueda del vendedor **Garbanzo de a Libra** empezaremos por definir las características que debe cumplir el vendedor que necesitas en cuanto a su personalidad, lo que veremos en el siguiente capítulo.

Capítulo 2
¿EL VENDEDOR NACE O SE HACE? LA PERSONALIDAD DEL VENDEDOR

Todas nuestras experiencias se funden en nuestra personalidad, todo lo que ha pasado es un ingrediente
Malcolm X, orador y activista estadounidense

ALEX, EL CHICO EXTROVERTIDO

Alex, era extrovertido y se notaba desde pequeño ya que contaba con muchos amigos, era simpático y le agradaba platicar con adultos y desconocidos, se sentía estimulado de compartir con ellos y de hacerlos reír con sus bromas. Al paso del tiempo, se fue rodeando de muchos amigos que lo buscaban para compartir con él largos momentos, como jugar al futbol o simplemente charlar. Él disfrutaba mucho de esa experiencia tan estimulante de rodearse de la gente y eso mismo lo invitaba a repetir esas experiencias hasta que finalmente se acostumbró a ello. Cuando empezó a trabajar pasó lo mismo, se dio cuenta que le caía bien a la gente y les hacía reír con sus chistes y sus ocurrencias, así que continuó repitiendo ese comportamiento hasta que quedó bien identificado con esa personalidad abierta, campechana y agradable.
En una ocasión se le ocurrió pedir una oportunidad en el departamento de ventas y de inmediato se sintió como pez en el agua, sintió que había nacido para ello, las ventas eran lo suyo y también supo con agrado que los clientes lo aceptaban y eso facilitaba sus ventas. A través de su forma de ser tan amistosa lograba rápidamente romper el hielo con los clientes, le gustaba platicarles de futbol del que era aficionado, y así lo esperaban para hacerle chanzas con la rivalidad de los equipos de futbol antagónicos al suyo y luego se ganaba la confianza de sus amigos los compradores, que terminaban por darle jugosos pedidos. Este vendedor pronto se convirtió en el mejor de todos así lo tenían considerado en la empresa, así nacía y se formaba un **Garbanzo de a Libra** desde pequeño.

FERNANDO, EL CHICO INTROVERTIDO

Por otro lado, tenemos el caso de Fernando, un chico tímido a quien no le gustaba mucho la gente extraña, él quería ser aceptado y hacía algunas bromas para llamar la atención, pero no era suficientemente gracioso y mejor lo apartaban del grupo y él también optaba por recluirse en sus propios juegos, apartado de los demás niños de su edad y de los adultos. En la escuela fue un chico tranquilo que prefería tener uno o dos amigos con los que platicaba y eso lo hacía sentir bien así que esas amistades le buscaban para compartir largos momentos de charla. A él no lo buscaban para integrarse en el equipo de basquetbol de la escuela, nadie lo tomaba en cuenta, excepto sus dos entrañables amigos y así pasó la infancia y la adolescencia. En su vida profesional realizaba labores donde su capacidad e inteligencia lo ayudaba a destacar, y así fue profundizando en su carrera de ingeniero y ganando confianza por ser muy bueno en lo que hacía. Siempre metido en las máquinas, no le hacían falta otros estímulos que aquellos que le dedicaban sus jefes cuando resolvía un problema en los equipos y maquinaria de la empresa.

LA INFLUENCIA DE LO DADO Y LO ADQUIRIDO

Estos dos ejemplos nos dicen cómo se desarrolla la personalidad, de acuerdo con características que se heredan y luego el ambiente afirma esas conductas, hasta que se vuelven un identificador de la personalidad. Si se quiere cambiar a Fernando para que dé los resultados de Alex, sería una labor de muchos años, lo cual prácticamente sería imposible. Lo mejor será que Fernando siga siendo el ingeniero feliz haciendo lo que le gusta como Ingeniero y reparando el equipo electrónico que fabrica la empresa para la que trabaja Alex, y que siga disfrutando de las chanzas de los compradores que terminan por comprarle sus productos, porque es lo más divertido que sabe hacer cuando vende los productos que fabrica la empresa donde trabaja.

No te hagas ilusiones con cambiar a aquel candidato que apenas sonríe y que se queda callado en la entrevista, realmente no se trata del vendedor que necesitas. No creas que con un buen entrenamiento se va a convertir en un **Garbanzo de a Libra,** tendría que volver a nacer para acumular las experiencias que lo hacen así. Esta es la pregunta para tener claro si alguien es descartable o no. La realidad es que cualquier personalidad es parte herencia y la otra parte la da la experiencia, ambas están conectadas entre sí; esto es, cuando se nace extrovertido se atraen experiencias del medio ambiente que estimulan a hacerse más fluido y confiado hacia el entorno.

Lo que he detectado en mi experiencia de 20 años enfocado en detectar a los vendedores excepcionales, es que la parte innata es la más importante, ya que con esto el desarrollo de la experiencia se da en forma acelerada, comparada con aquellos que no nacieron siendo vendedores.

Esto se puede apreciar en la detección de **las 5 características que hacen que las personas destaquen en las ventas.** Si revisamos una de ellas, por ejemplo, la característica del *servidor*, cuando se nace como una buena actitud para servir a los demás, esto se vuelve un hábito desde la temprana edad para que luego se convierta en uno de los pilares de su personalidad, lo que da buenos resultados con los clientes, ya que ellos quieren sentirse protegidos con los que les suministran productos o servicios y que están conectados con su empresa aparentemente por el beneficio de la utilidad que obtienen de las transacciones comerciales. Realmente ellos prefieren contar con una persona que se vincule más profundamente con ellos y no solo con aquél que busca la relación por el beneficio económico.

La personalidad se define como lo dado más lo adquirido; quiere decir que es todo lo que se recibe como herencia genética más lo que aporta el medio ambiente que ha influido para formarla. La suma de ambos nos distingue: tanto lo que se agrega como bueno, como lo que limita o afecta el desarrollo de la persona.

Cada vendedor tiene su propio temperamento, pero todos ellos comparten algunas características comunes en aquellos que tienen mayores probabilidades de alcanzar el éxito en esta profesión. Estas características se han estudiado en aquellas personas que son las más exitosas en ese campo y se han sintetizado cinco como las más importantes:

LAS CARACTERÍSTICAS DE UN VENDEDOR EFICAZ

1. **La sociabilidad.** Es la capacidad que tiene el vendedor para conectarse con las personas en forma empática.

2. **El emprendimiento.** Habla de cómo aprovecha las posibilidades de los negocios y los medios para alcanzarlos.

3. **La agresividad.** Se trata de esa aptitud de saber llevar al prospecto para que tome decisiones y se cierre el negocio.

4. **El servicio.** Es atender a las necesidades del cliente más allá de sus expectativas.

5. **La energía y el empuje.** Es el esfuerzo que requiere para vencer los obstáculos que le representa el ejercicio de las ventasIntroduzca aquí el texto del capítulo tres. Introduzca aquí el texto del capítulo tres. Introduzca aquí el texto del capítulo tres.

La suma de todas ellas es la que constituye la fórmula del éxito que hace a un vendedor alguien excepcional. Piensa, por ejemplo, en la sociabilidad, no todas las personas son sociables, aunque todos lo necesitamos para cualquier actividad; sin embargo, cuando el vendedor está especialmente dotado para conectarse con las personas y se siente bien conviviendo con los demás, fluye en sus relaciones de una manera eficaz, lo que le ayuda a producir resultados para lo que hace.

Las personas sociables. A ellas les llena de energía el tratar a las personas, esto no sucede con las que son tímidas o introvertidas, que no les gusta interactuar con la gente porque les atemorizan o son sensibles al rechazo. Esta característica es innata, por lo que es recomendable que no aceptes aquellos prospectos al área de ventas que sean demasiado inhibidos, ya que será difícil que logren cambiar esta actitud.

Las personas emprendedoras. Esta característica es propia de los empresarios y ¿qué es un vendedor sino un empresario? al igual que a un empresario, les estimula el riesgo, depender de su esfuerzo para trabajar en un entorno impredecible, a diferencia de aquellos que trabajan por un sueldo fijo. El vendedor que es un verdadero mercader se siente motivado y descarga adrenalina cuando lo ponen en un entorno competitivo, como cuando se trata de ganar el premio al mejor vendedor, o por un viaje prometido en función de los resultados ante las metas propuestas, su mayor estímulo está en la comisión que recibe por aquello que logra con sus ventas.

Existen muchos vendedores que se decidieron por ese campo para desarrollar su actividad profesional por la ambición de ganar un sueldo en base a resultados y calcularon que de esa manera podían ganar más dinero del que recibían en su actividad sedentaria atrás de un escritorio. También creyeron que había una ventaja en contar con mayor libertad para usar el tiempo, pero se equivocaron cuando se dieron cuenta que en los negocios los vendedores son supervisados en sus actividades en forma puntillosa a través de programas de control llamados CRM. Algunos de ellos pueden aún creer que son vendedores, pero una cosa es imaginarlo y otra cosa es llevarlo en la sangre.

El buen vendedor se llena de adrenalina con solo imaginar la comisión, el bono o el premio que va a recibir al final de su esfuerzo. No se engañen los que solo se dicen vendedores, éstos se conforman con el sueldo fijo porque se sienten inseguros de alcanzar las comisiones, aunque la realidad es que no siendo efectivamente vendedores los resultados que obtienen son muchas veces menores a los que reciben en otro puesto que no sea de ventas; desafortunadamente este engaño es alto en muchos profesionistas lo que afecta para encontrar a los buenos, en medio de tanta mediocridad o franca ausencia de buenos elementos para localizar a los vendedores efectivos con el objetivo de construir un departamento competitivo de ventas.

La agresividad positiva. Es otro rasgo con que debe contar el buen vendedor y no se trata de ser grosero o brusco como si se tratara de una lucha, sino que se desprende de la fuerza de voluntad como característica de los líderes, o sea, es el poder personal que despliega el que sabe cómo y cuándo empujar al cliente para que tome una decisión favorable para ambos. Muchos clientes titubean al momento de tomar una decisión de compra porque son precavidos y tienen aversión al riesgo, por lo que, si no son influidos para tomar su decisión final, no la tomarán, de ahí que el buen vendedor debe incitar al comprador para que dé el paso final y se firme el pedido.

A los vendedores siempre les llama la atención cualquier curso que les enseñe a cerrar la venta, sin embargo, éste es parte de la metodología del sistema y debería ser algo automático, solo se necesita haber llevado la negociación con el prospecto paso a paso hasta el final para que tome una decisión casi en automático y digo casi, porque ese paso final debe darlo junto con el vendedor que ayudará a tomar la decisión final, empujando suave pero firmemente al cliente.

El servicio. El vendedor con actitud de servicio se gana la confianza del cliente y le ayuda a tomar una decisión en base a que siempre cuenta con él para resolver cualquier problema futuro, además el servicio es la mejor manera de mantener la fidelidad del cliente. Los compradores tienen un gran aprecio por aquellos que les brindan un servicio fuera de serie o más allá de lo esperado y esta característica hace que el vendedor pueda mantener sus cuentas, lo que es mejor y más redituable que abrir nuevas.

La energía o el empuje. Es necesaria, ya que el proceso de ventas requiere un gran esfuerzo que llega a necesitar de gran energía, ya que simplemente en el proceso de reanimarse ante el rechazo que se sufre cuando se ofrecen los productos o servicios, la mente consume el 30% de la energía del organismo y por tanto lo que sucede ahí es importante. La energía de la personalidad se recibe por la herencia, y ésta se mantiene constante la mayor parte de la vida con excepción de la edad avanzada, que se puede mermar por enfermedad o el deterioro normal del individuo. Un vendedor necesita contar con una buena cantidad de energía para enfrentar su intensa actividad diaria en los traslados frecuentes con los prospectos o los clientes, para enfrentarse a situaciones nuevas e impredecibles. Cuando se tiene poca energía solo es posible administrarla ya que esta no puede ser aumentada.

Las personas que son introvertidas agotan fácilmente su energía en el trato con personas desconocidas. A los que son extrovertidos, lejos de sentir que gastan energía, el trato con las personas desconocidas les llena de vigor. Observa bien las características del vendedor para que tengas la posibilidad de filtrar aquellos que tengan una personalidad extrovertida, que sean platicadores, entusiastas. La energía de una persona es contagiosa, la mayoría se siente bien con personas con mucho entusiasmo y energía.

RESUMEN

El vendedor requiere los siguientes aspectos para alcanzar la efectividad:

- Sociabilidad
- Emprendimiento
- Agresividad
- Servicio
- Energía y empuje

Todas estas características son parte de la personalidad del vendedor exitoso y en la medida que cuente con esas fortalezas serán los resultados que obtenga.

- Si se tiene sociabilidad, pero falta la agresividad, afectaría el cierre de las ventas, porque la agresividad ayuda a empujar al cliente a tomar

decisiones.
- El emprendimiento es indispensable para mantener el nivel de riesgo y la búsqueda de la parte variable del sueldo, que es el que da la parte variable.
- Si el sueldo fuera algo fijo, no motivaría al buen vendedor que como emprendedor que es, busca que su esfuerzo le reditúe de otra manera. Sería como cualquier otro puesto fijo con un sueldo fijo.
- El servicio permite mantener las cuentas. Es más fácil mantener un cliente ya hecho que estar abriendo nuevas cuentas, el sentido del servicio es indispensable, ya que de otra manera sería un barril sin fondo.
- La energía o el empuje es necesaria, ya que en el proceso de ventas hay un gran esfuerzo que llega a necesitar de gran energía.
- El vendedor nace. Es muy difícil que una persona introvertida se convierta en extrovertida y el vendedor efectivo es aquel que acumula experiencias desde su personalidad extrovertida heredada.

EN EL SIGUIENTE CAPÍTULO

Todas estas características, que apoyan la personalidad del vendedor, serán tratadas en el siguiente capítulo en forma detallada.

2.1. LA SOCIABILIDAD

Para ser interesante, debes interesarte por los demás
Anónimo

EL ROMPEHIELOS EN EL VENDEDOR

Recuerdo bien que, en mi empresa de producción y venta de equipo de oficina, llegaban a mi oficina los vendedores de la empresa, siempre con una sonrisa y algún chiste "para abrir boca", como se dice por ahí. Era inevitable escucharlos porque sabía que venían a solicitar algún favor y antes de pedirlo había ese largo preámbulo que identifica a todos los buenos vendedores.

Preguntaban si teníamos el modelo tal de calculadora o alguna queja del departamento de servicio con alguno de sus clientes, que si ya saldría pronto el nuevo modelo de calculadora con impresora de resultados incluida y cosas así. Su entrada a mi oficina era sinónimo de 10 a 15 minutos (que a mí me parecían eternos) con sus chistes antes de plantear su necesidad, pero esto es lo que hacen los vendedores, ellos necesitan abrir la plática con una conversación trivial, así se han acostumbrado cuando tratan a sus clientes; para ellos es vital hacer conexión con las personas antes de hablar de lo que ofrecen, hay que caerle bien al cliente, saben de antemano que esa es la mejor manera de construir una relación amistosa con el prospecto y futuro cliente.

El vendedor efectivo es fundamentalmente sociable, ya que su objetivo es el de relacionarse con las personas y saber conectarse con ellas y no solo con aquellas relaciones tradicionales como las familiares y los amigos, estamos hablando de una **característica fuerte distintiva de la personalidad** y notoriamente desarrollada en el vendedor y que le apoyará fuertemente el propósito para las ventas; se requiere que sepan conectarse especialmente con aquellas personas que no han visto ni una sola vez en su vida, que no se sabe cómo van a reaccionar, que tiene que buscar abrir la conversación para saber y conocer las necesidades de sus prospectos a través de preguntas, escuchar sus respuestas, entablar un diálogo cordial desde el inicio, creando un ambiente cordial y propicio para relacionarse. La sociabilidad no solo se manifiesta como un estado que se da en el momento de la venta, se trata de una actitud que realizan con entusiasmo y no con disgusto. Esto les otorga la facilidad para entablar conversaciones con cuantas personas se topen. En muchas ocasiones los sociables tienen una agenda larguísima de conocidos y amigos que se encuentran en todas partes, y que van agregando a su agenda, haciéndola crecer con sus contactos y contactos de contactos, ampliando su red de una manera que podríamos decir algo compulsiva, es decir, no pueden dejar de hacerlo.

Si algún candidato a ventas no es sociable, eso va a limitar en mucha medida sus objetivos de venta. Esta característica es propia de la gente extrovertida, como ya lo hemos estado señalando. Un vendedor es una persona verdaderamente orientada hacia fuera, hacia el ambiente y no hacia dentro como son los introvertidos.

LA PERSONALIDAD INTROVERTIDA

Al contrario del sociable, la persona introvertida busca su propia intimidad, el sentirse protegido y en contacto consigo mismo, por lo que en menor medida le gusta estar en contacto con los demás, de esta manera limitan mucho las posibilidades de tener éxito en ventas.

He conocido vendedores que tienen facilidad para romper las barreras ante los desconocidos para iniciar una conversación fluida y productiva con ellos, para ellos es casi como un deporte, es algo con lo cual nacieron, incluso sus padres recuerdan la facilidad que tenían para hacer amigos desde pequeños, o que no les gustaba estar encerrados en su casa porque para ellos el mundo que les excitaba era el de afuera.

A la gente social le gustan las fiestas en donde haya mucha gente, mucho ruido, ellos se sienten bien en ese ambiente. Todo lo contrario de las personas introvertidas, a quienes el ambiente ruidoso, las fiestas y las multitudes, los presiona internamente y los desgastan. La facultad de la personalidad socializar le será de gran ayuda al vendedor, para entrar en contacto con un prospecto y facilitará el camino para alcanzar el éxito en las ventas.

Los vendedores deben tener facilidad para emocionarse y transmitir esas emociones a los demás, porque el cierre de la venta siempre será al final de la exposición algo que se conecta con las emociones, aunque se haya construido el proceso con argumentos lógicos, por lo tanto, el vendedor es un experto en producir emociones en los demás. Las emociones del vendedor no solamente se quedan en él, sino que tiene la habilidad de transmitirlas a los demás.

LA EMPATÍA DEL VENDEDOR

En mi experiencia encuentro frecuentemente a vendedores que tienen la muletilla que yo llamo "la risita cómplice", cada vez que ofrecen algún argumento de venta lo rubrican con esa risita con la cual buscan empatar con el prospecto, para que les responda con la misma risita y así transmiten sus emociones. Si su interlocutor también es capaz de seguir en este juego de las muletillas será gracias a este signo que les ayuda a identificar hasta qué grado han conseguido empatar sus emociones con las del cliente.

En otras ocasiones puede tratarse de una muletilla repetida en las etapas de su sistema de ventas como preguntando: "¿verdad esto?", "¿verdad esto otro?" "¿está usted de acuerdo con esto?", "¿qué piensa de lo que le digo?", etc. Son muy hábiles para enganchar al cliente con estas formas de comunicación que busca despertar la empatía con la parte emocional para que sus clientes o sus prospectos se mantengan sintonizados con él. Algunas veces hacen preguntas para que el cliente diga: "sí" como respuesta y con ello lo van conduciendo hacia la decisión de compra. Por supuesto, estamos hablando de un sistema de ventas y esto conlleva un entrenamiento de las técnicas, pero definitivamente un vendedor que tiene en su misma naturaleza la capacidad de hacer aflorar sus emociones tendrá mucha más efectividad con estos argumentos, para conseguir la respuesta empática de parte de su interlocutor.

Estos son los elementos por los que es importante la personalidad sociable para un vendedor. Te recomiendo que decidas siempre por aquellos candidatos que tiene la facilidad de socializar de otra manera simplemente conseguirás un mueble en tu oficina, ocupando un espacio y con conflictos para salir a la calle, que es donde se encuentran los clientes.

RESUMEN

- La sociabilidad es el sello distintivo del vendedor
- Al vendedor le gusta socializar y este es un rasgo fuerte de su personalidad.
- Debe saber obtener y dar la información que el cliente requiere en el momento preciso.
- Sabe cómo empatar sus emociones con las del prospecto o cliente.
- Sabe cómo transmitir emociones para vender su producto o servicio.
- La capacidad de socializar es más bien un rasgo nato, aunque se puede desarrollar, pero en menor medida.
- Las relaciones lo son todo para el agente de ventas, necesita saber escuchar y llevar al cliente a tomar una decisión favorable para el producto que le ofrece.

EN EL SIGUIENTE CAPÍTULO

Vamos a revisar otra característica del vendedor **Garbanzo de a Libra** o cualquier vendedor de alto nivel de efectividad para las ventas: la agresividad, que como veremos, no se trata de una agresividad física, sino de la actitud que es propia de los líderes para saber empujar a su interlocutor con el objetivo de cerrar sus ventas.

2.2. LA AGRESIVIDAD

El vendedor agresivo sabe dar el empujón necesario en el momento preciso para ayudar al cliente a tomar la decision final a su favor
Anónimo

Un vendedor eficaz debe contar con una personalidad potente, echado para adelante. No debe ponerse en condiciones de inferioridad ante su cliente. Debe pensar que le está haciendo un favor, otorgándole el producto o servicio que necesita y por lo tanto está en posición de valía y no de inferioridad.

VENCIENDO AL "NO"

Algunos vendedores, a pesar de que tienen buenas características de personalidad, temen al "no" o al rechazo, y esta situación los lleva al fracaso, porque están reflejando hacia el cliente que no tienen la seguridad en lo que le ofrecen. La seguridad del producto o servicio que venden debe demostrarse desde la misma actitud del vendedor. El vendedor debe proyectar con su personalidad segura y afirmativa que lo que ofrece es excelente para el cliente.

Después de haber seguido los pasos del sistema de ventas y cuando el comprador ha confirmado que le interesa ese producto o servicio que le ofrece, al vendedor solo le queda empujar un poco para que se tome la decisión final. Este último paso es propio de los líderes y el vendedor debe tener esa cualidad de empujar al cliente para que tome la decisión y le firme el pedido.

Muchos clientes tienen algunas dudas cuando se trata de un nuevo proveedor o un producto que van a reemplazar por el que ya estaban comprando, o tal vez se trate de algo nuevo que van a adquirir. Ante las dudas que danzan en su cabeza, el vendedor, con sus argumentos, pero sobre todo con su personalidad, debe ayudarles a tomar la decisión. No se trata de imponerles a la fuerza, sino que después de haber dado las razones de compra y sus múltiples ventajas con explicaciones sólidas y con seguridad para que se despejen esas dudas, se lleven el pedido firmado en ese momento, porque si el vendedor lo deja pasar y le da tiempo al prospecto para pensarlo, lo más seguro es que las dudas aumentarán en la mente del prospecto y probablemente pierda el pedido. Para asegurar la firma del pedido se tiene que empujar un poco, para que sin más preámbulos se firme la orden de compra después que haya concluido el proceso de la venta.

Muchos vendedores tienen un ego lastimado y no quieren enfrentarse al "no" de su prospecto, a pesar de tener una personalidad extrovertida. Asisten a cursos de ventas para que les enseñen cómo cerrar la venta, porque piensan que no lo saben hacer, aunque en la mayoría de los casos se trata de un problema con su sistema de ventas o peor aún con la falta de seguridad en sí mismos. El cierre es consecuencia del proceso y si éste se hace de manera adecuada, deberían llevarse el pedido firmado al final del mismo.

LA PERSONALIDAD EXTROVERTIDA

La personalidad extrovertida tiene mejores posibilidades de hacer el cierre de las negociaciones porque son más empáticos con su cliente y despiertan las emociones necesarias en él para que tome la decisión de compra.

El vendedor con personalidad retraída es intrínsicamente inseguro y eso no inspira confianza. El vendedor de naturaleza introvertida deja pasar las oportunidades de cerrar una venta porque es temeroso del rechazo del comprador, lo que no puede soportar debido a su personalidad.

Tengo un sobrino que desde los 15 años ya mostraba esa personalidad segura y echada para adelante, verdaderamente extrovertido y como era aficionado a los autos de marca, buscó empleo en sus tiempos libres en una agencia de BMW. Lo contrataron a pesar de su corta edad y en poco tiempo, ese muchacho rubio, regordete y simpático de tan solo 15 años, vendía más que los vendedores de más edad y experiencia. ¿Cómo lo hacía? simplemente porque su modo de ser entusiasta transmitía a los clientes su propia pasión por aquellos coches que él ofrecía y que no tenían ese enardecimiento de los vendedores más expertos pero cansados, cuyo entusiasmo se había debilitado al paso del tiempo, por lo rutinario de sus actividades.

LA ENERGÍA DE LA PERSONALIDAD

¿El candidato refleja esa pasión para conseguir el empleo que le estás ofreciendo?, ¿sabe venderse a sí mismo y con ese entusiasmo venderá tu producto?, si no es así, continúa buscando al **Garbanzo de a Libra**, porque estos se destacan fácilmente por ser líderes que llevan a la acción a sus prospectos.

RESUMEN

- El vendedor debe contar con seguridad en sí mismo, debe ser resiliente para no dejarse vencer por los primeros obstáculos u objeciones que le presenta el prospecto o el cliente.
- La agresividad permite mantener a "la presa" sin dejarse intimidar por los primeros signos del rechazo.
- El vendedor necesita regresar al ataque una y otra vez sin dar tregua.
- Se necesita permanecer firme y seguro de que lo que ofrece al cliente dándole a entender que es el mayor beneficio que este puede conseguir al adquirir su producto o servicio para su empresa.
- La venta se obtiene no solo con una buena presentación del producto o servicio, se consigue, sobre todo, con la habilidad del vendedor para ejercer la presión necesaria y conseguir una decisión a su favor.

EN EL SIGUIENTE CAPÍTULO

La agresividad en la personalidad del vendedor le permite ejercer la presión necesaria para ayudar al cliente a tomar una decisión que le favorezca, pero debe ser modulada por otras características, como las que vamos a revisar en el siguiente capítulo a través de otro rasgo de la personalidad necesaria en el vendedor: el servicio.

2.3. EL SERVICIO
LA MEJOR MANERA DE CONSERVAR A LOS CLIENTES

Haz un cliente, no una venta
Katherine Barchetti

El servicio al cliente es fundamental para consolidar las ventas y esto es más importante que solo conseguir cerrar un negocio, ya que a un cliente hay que verlo como una relación de largo plazo, es decir, como un árbol que estará dando frutos constantemente a lo largo de los años.

Un cliente se consolida a través del servicio y el vendedor que está al pendiente de las necesidades de sus clientes, ayudará a la empresa a mantener la cuenta, que es la mejor inversión de su tiempo, ya que es más fácil conservarlos que conseguir nuevos.

Actividades como mostrar un interés auténtico para conocer las necesidades del cliente, escucharlo atentamente proporcionándole la información, apoyarlo con muestras del producto o servicio que ofrece, son las que se esperan de un buen vendedor, pero no del **Garbanzo de a Libra**. El vendedor extraordinario va más lejos de estas acciones, que son propias de cualquier venta.

EL CLIENTE ES EL ACTIVO DEL VENDEDOR

El vendedor que tiene conciencia de que cada cliente es un activo que debe conservar, tiene siempre la disposición de ganarse al cliente a través de un servicio que va más allá de lo esperado, sólo hagamos cuentas de cuánto significa contar con un cliente a lo largo de un año o más. El vendedor **Garbanzo de a Libra** ve al cliente siempre como la suma del producto de las ventas de muchos años y no solo lo que le produce al hacer una venta. Por eso, se encarga de hacer visitas de cortesía para llevarle alguna muestra o para saber qué se le ofrece, a él no le importa invertir el tiempo, dinero y esfuerzo por atender al cliente, aún en cosas mínimas, porque lo ve como una buena inversión y nada se compara con los frutos que un cliente satisfecho y agradecido le compensará con creces su esfuerzo. Los vendedores de más experiencia saben que una cuenta consolidada es una cuenta muy valiosa y que es menos retador conseguir un nuevo cliente que mantener su cartera de los que ya tiene. Claro, sin descuidar la conquista de otros más.

Tengo el recuerdo de uno de esos vendedores que están por encima de todos los demás. Casi podría decir que sus ventas las realizaba por el servicio que brindaba, ya que éste era de incomparable calidad. La primera vez que lo entrevisté le hice la misma pregunta que suelo hacer para descubrir sus actitudes: ¿Cuál ha sido el mayor problema al que te has enfrentado en tu vida profesional y como lo resolviste? El relato que hizo de su experiencia me dejó impresionado, ya que me contó que, trabajando para un despacho de consultoría, -él era ingeniero de sistemas- trabajaba en un grupo junto a otros ingenieros instalando un programa de software para una importante tienda departamental.

El contrato para la realización del proyecto llevaba una cláusula de penalización por incumplimiento muy alta, pues si no se cumplía con la instalación del programa en la fecha determinada, que además coincidía con el día último de aquel año, empezarían a aplicar una sanción que en poco tiempo arruinaría completamente las utilidades de la operación del despacho.

Era diciembre y estaban a solo 15 días de terminar ese año. Entonces los compañeros de Gabriel -así se llama el candidato- decidieron renunciar intempestivamente a la empresa para irse a trabajar a otra compañía que les ofrecía un mejor salario, dejando el trabajo sin terminar y sin preocuparse por el daño que implicaría su acción para el despacho.

El director se jalaba los pelos por la situación tan comprometida en que se encontraban y entonces Gabriel le dijo que no se preocupara, que lo que faltaba por realizar él se comprometía a terminarlo, aún si tenía que trabajar en Navidad o en la noche de fin de año, y así fue, Gabriel terminó el proyecto justo antes de la fecha límite.

Al escuchar el relato de Gabriel, no cabía yo en el asombro, realmente nunca en toda mi carrera profesional como reclutador de personal había escuchado de alguien que respondiera de esa manera. Terminada la entrevista me comuniqué enseguida con un director que tenía una empresa de servicio y le dije: "oye, tengo un elemento que simplemente no puedes dejar de aprovechar. El director, que era un buen amigo, confiaba totalmente en mí y me tomó la palabra, contratando a Gabriel de inmediato.

A Gabriel, que era ingeniero, le ofrecieron un puesto en el área comercial, lo que fue una ocurrencia de mi amigo ya que era el único puesto disponible que tenía en ese momento y no quería perder la oportunidad de contratarlo. A final de cuentas, se trataba de alguien con muy buena actitud de servicio y que le quedaba bien para su empresa, que era precisamente de ese giro, por lo que pensó que daría buenos resultados como vendedor. Y así fue.

Gabriel se desempeñó extraordinariamente bien en las ventas, consiguiendo resolver el problema mayor que tenía en ese momento la empresa, que era la falta de ventas ya que esta no era conocida en su mercado por ser de reciente creación.

¿Fue suerte de parte de mi amigo al contratar a Gabriel? No, una empresa de servicio necesita contar con vendedores que hagan un trabajo excepcional en proporcionar asistencia a sus clientes y esa cualidad ayudó a dar los resultados que esperaban, ¿quiere decir que con solo la cualidad del servicio es suficiente para tener éxito en las ventas? Es probable que cuando el giro de la empresa es dar un servicio, esta cualidad cuente en gran medida, pero para las empresas de productos tangibles, se necesita de existan otras cualidades en el vendedor; sin embargo, a todos los vendedores para cualquier tipo de producto o servicio al que se dediquen, les ayuda mucho contar con esta cualidad.

¿Eres capaz de detectar en un candidato la cualidad del servidor? Si quieres conseguir al **Garbanzo de a Libra** debes saberlo reconocer. ¿Cómo? Así es, simplemente hazle la pregunta que le hice a Gabriel y escucha su respuesta.

RESUMEN

- El vendedor que tiene una alta disposición para dar un servicio excelente mantiene a sus clientes, que se apoyarán en él, ya sea en las buenas o en las malas.
- El cliente valora el servicio por encima de otros factores para decidir por un proveedor.
- Las técnicas de venta son efectivas para conseguir las ventas, pero el servicio es, entre todas, la que enamorará al cliente.
- Un vendedor interesado más en servir al cliente que en tratar de cerrar una venta inspira confianza.
- El servicio post venta es lo que hace que una cuenta se consolide dando frutos para un futuro largo de relaciones productivas.
- Es más fácil conservar y cultivar a los clientes que conquistar nuevos.

EN EL SIGUIENTE CAPÍTULO

Los vendedores requieren contar con ENERGÍA/EMPUJE más que la mayoría de otros profesionales, por el desgaste emocional y físico que significa enfrentarse a las situaciones impredecibles y recuperarse de las frustraciones. Esto lo veremos en detalle en el siguiente capítulo.

2.4. LA ENERGÍA Y EL EMPUJE

Por cada venta que se te pasa por ser demasiado entusiasta, te vas a perder cien por no serlo.

Zig Ziglar

LA ENERGÍA Y CÓMO SE DISTRIBUYE LA PERSONA

La energía es una cantidad fija que poseemos de nacimiento. Se nace con poca o mucha energía y eso se nota desde la infancia, cuando los niños o las niñas que cuentan con más energía en el grupo son más inquietos, es difícil que permanezcan en su lugar, les gusta el deporte. La energía es siempre la misma y solo podemos administrarla.

Cuando el cuerpo necesita hacer un esfuerzo físico, la psiquis se encarga de la administración de la energía para dirigirla a donde se necesite, puede ser que la dirija a los músculos del cuerpo para tensarlos, descargar adrenalina y todo lo que necesite para levantar algo, correr o bien evitar el ser atropellado. Cuando se requiere de la energía mental, la psiquis se encarga de canalizar esta energía para procesar los pensamientos, las ideas, es decir cualquier tarea mental que se requiera, y también cuando se necesite de la energía emocional, la psiquis la dirige hacia las relaciones sociales y emocionales.

LA ENERGÍA EN EL VENDEDOR

Las ventas son un campo que no es para todos, se parece a las competencias de triatlón de alta resistencia y alto desempeño. La resistencia que debe tener el deportista que se dedica a esta clase de competencias requiere administrar su energía, contar con un entrenamiento continuo, poseer un organismo con gran fortaleza para soportar el esfuerzo que implica terminar cada una de las partes en las que se compone un triatlón. Esta es la energía física que requiere el vendedor exitoso, el **garbanzo de libra**. Sólo aquellas ventas que se realizan por catálogo o en algún punto de venta pueden prescindir de esta clase de energía extrema.

Es necesario que el agente de ventas mantenga una reserva de energía, ya que la actividad así lo reclama. Una persona sin energía suficiente simplemente proyectará hacia el cliente falta de confianza, que no favorece a los negocios. Los problemas de la casa se dejan en ella, las preocupaciones por pagar la colegiatura de los hijos, las cuentas bancarias, los problemas con los hijos o su pareja no deben llevarse al área de negocios, el vendedor puede haber sufrido problemas en el tráfico y estar preocupado por el cómo va a resolver tal o cual problema financiero, pero cuando está cara a cara con el cliente, procura hacer desaparecer la cara la preocupación y ponerse la del vendedor optimista, alegre y jovial, que es el capitán que el cliente quiere para agregarse a su barco e ir juntos al puerto donde sucede la solución a sus necesidades.

Muchas veces también él tiene que luchar dentro de la propia empresa porque no cuenta con la disposición de los que deberían ser sus colaboradores, como la persona que autoriza los pedidos, los que lo surten y los que entregan el producto o servicio. Debido a esto, el vendedor necesita mantener toda su atención y energía para presionar y conseguir que se cumpla en tiempo y forma con lo prometido al cliente.

Las frustraciones por el rechazo de parte de los clientes son un gasto de energía que hay que saber manejar, ya que, en las ventas, de cada diez intentos, sólo en uno de ellos se logra el resultado y en los otros nueve no.

TIPOS DE ENERGÍA REQUERIDA DE ACUERDO CON LOS PRODUCTOS

Podemos dividir las ventas en productos físicos, en servicios y en ocasiones, se da la combinación de ambos. Para la venta de productos tangibles y para algunos servicios de alto desgaste, por ejemplo: la venta de seguros y de tiempos compartidos, en general se requiere contar con la máxima energía.

Los deportistas de futbol americano son los preferidos por las empresas norteamericanas, porque el juego tiene todas las características de una venta: la energía física, la resistencia, la estrategia, la disciplina, todas estas características son las que se requieren en la actividad de ventas.

CÓMO SELECCIONAR AL MEJOR CANDIDATO DE ACUERDO CON SU ENERGÍA

Si el producto que ofrece la empresa requiere de la visita frecuente a los prospectos para cerrar una venta, definitivamente decide por aquel candidato que haya sido deportista en su juventud, lo que demuestra la energía de que dispone. Si el candidato es una persona con energía pregunta cuáles fueron los deportes que practicó en su niñez y en su juventud, si el candidato responde que se dedicó la mayor parte de su tiempo a estudiar, pero que pocas veces practicaba algún deporte, seguramente su energía está dirigida más hacia los procesos mentales y se desgastará muy pronto si el trabajo le exige mucho desgaste físico.

Observa también si la persona refleja ese poder personal que tiene la gente con energía, sobre todo si se trata de la venta de productos tangibles. Cuando se trata de la venta de productos como software, la energía que se necesita es más de la mente, por lo tanto, este factor no es tan importante como cuando se trata de la venta de productos y servicios tangibles.

RESUMEN

- La baja energía es percibida por los clientes como desánimo.
- El entusiasmo y la energía positiva contagian al cliente y crean condiciones favorables para tomar decisiones y cerrar los negocios.
- El vendedor debe contar con la energía que se traduce en entusiasmo y optimismo para darle confianza a su cliente.
- El vendedor debe transmitir al cliente confianza en el producto, que se puede percibir en su cara sonriente, confiada y energética, solo así el cliente se sentirá confiado en que el vendedor va a satisfacer bien su necesidad.

EN EL SIGUIENTE CAPÍTULO

El vendedor es como un empresario. En ambos casos, su ingreso depende de factores de riesgo, cómo lo veremos en el siguiente capítulo.

2.5. EL EMPRENDIMIENTO

Las oportunidades no aparecen, tú las creas

Chris Grosser

EL VENDEDOR EMPRESARIO

Las características del empresario son las mismas que las del vendedor, son principalmente la capacidad de asumir los riesgos, de ver al futuro como algo por construir y no algo hecho, la capacidad estratégica. El vendedor necesita tener la mentalidad empresarial porque de otra manera estará anhelando la estabilidad que se tiene en los otros puestos, donde se recibe un pago fijo. Para el vendedor, el pago es variable y está relacionado directamente con su esfuerzo y sus resultados.

En una ocasión que tuve la oportunidad de dar un curso de ventas para la empresa GNP (compañía de seguros) comentaba con el supervisor sobre la característica que para mí era la más importante para todo vendedor, y era que tuviera mucha semejanza con el perfil del empresario. La coordinadora de recursos humanos simplemente me dijo que estaba de acuerdo, pero que no es que sean semejantes, sino que los vendedores son empresarios. Me comentó que en GNP los vendedores pagan por los servicios que reciben y también por su capacitación, de hecho, me dijo: "la capacitación que van a recibir por parte tuya se les va a proponer para que, si están interesados, ellos paguen por ella, ya que ellos, como empresarios, saben que deben invertir en su propia capacitación porque les ayuda a generar más ventas.
Los gerentes en esta empresa pagan los servicios secretariales y contratan su propio personal; es decir. corren todos los riesgos de un empresario y así debe ser de parte del vendedor. Aquellos vendedores que están preocupados por el sueldo base y no por la parte variable, realmente no tiene caso seguir adelante con ellos, porque el puesto de ventas no es de salario base y si se quieren conformar con eso, simplemente no saldrán Adelante.

LA SUPERVISIÓN AL VENDEDOR

En general, no debería ser necesaria una estrecha supervisión a los vendedores y si así lo requieren, es probable que sean vendedores mediocres. Un CRM ayuda a mantener la información de las ventas para los gerentes y la dirección comercial; sin embargo, no es para controlar al vendedor. El vendedor debe moverse con un motor interno, en base a su propio interés por las comisiones; además, se le puede estimular con otra clase incentivos, desde ponerlos a competir entre sí para conseguir un bono u ofrecerles una cena con su pareja cuando superen en ventas al resto del equipo en un período establecido o lograr su anhelado viaje a Las Vegas con todo pagado si es el primero en alcanzar su meta. En fin, es aconsejable que se estimule al vendedor con todo aquello que es variable y no fijo.

Cuando tienes un candidato que no es verdaderamente un vendedor, estará mucho más preocupado por buscar lo fijo y no por las condiciones variables como los incentivos que dan las comisiones.

RESUMEN

- Las características empresariales son parte importante de la personalidad del vendedor
- Debe contar con la capacidad de mantenerse en la búsqueda de nuevos clientes.
- El buen vendedor requiere moverse con independencia y no necesita mucha supervisión.
- Cuando el vendedor cuenta con las características del empresario, el sueldo base es lo de menos, él va principalmente por la parte variable.

EN EL SIGUIENTE CAPÍTULO

Es importante revisar sus antecedentes laborales para comprobar la honestidad del vendedor. La gente deshonesta deja huellas de su deshonestidad en sus trabajos anteriores y hay que revisarlos.

Capítulo 3
LA HONESTIDAD
El valor principal que da confiabilidad al vendedor

Tan solo se necesita una mentira para poner en duda todas las verdades

Anónimo

La honestidad en un vendedor debe ser revisada exactamente igual que para cualquier otro puesto de trabajo, ya que las condiciones de venta no deben ser motivo para que no sigan los lineamientos éticos y valores de la empresa.

La venta requiere que el cliente esté completamente convencido de que está comprando el producto que necesita. Muchas personas piensan que si el vendedor les dijera que hay algún problema real con el servicio que proporciona la empresa o que hay retrasos en las entregas o que el producto tiene algún pequeño defecto podrían perder la venta. Sin embargo, algo que agradecen los clientes es la honestidad. Por eso, siempre es importante mencionar las cosas, pero de manera real, sin exageraciones y siempre dando alternativas de solución. Las garantías deben aplicarse sin dilación alguna y también sin poner obstáculos, ya que el cliente debe mantener la confianza en la empresa en la que esté comprando. La devolución de un producto debe plantearse, no como una pérdida, sino en la actitud de mantener a un cliente confiado y satisfecho.

CUMPLIR CON LAS EXPECTATIVAS

Muchos productos o servicios pueden ser catalogados como defectuosos cuando realmente no lo son, simplemente puede ser que no cumplan con las expectativas de quienes los compran. Por ejemplo, si el que está buscando un automóvil no toma en cuenta que uno de los usos que quiere darle es para transportar a su familia de vacaciones anuales y que esto implica que el automóvil deba contar con asientos cómodos, pero sobre todo con un maletero lo suficientemente amplio para que quepa toda la carga de equipaje, entonces el problema no es que el vehículo tenga inconvenientes porque tiene una cajuela demasiado chica, sino que no se consideró el uso que se le daría y por tanto no resultó el auto más apropiado para las necesidades del comprador.

LA DESHONESTIDAD

Un vendedor deshonesto va más allá de las consideraciones que hemos expuesto en los párrafos de arriba, y eso representará un grave problema para todos, especialmente para la empresa. Los vendedores deshonestos pueden cometer acciones que van desde el cobro de facturas para quedarse con el dinero, ocasionando daño a la empresa, puede actuar en combinación con el encargado del almacén para que le entregue material sin la factura correspondiente, puede utilizar el tiempo que le paga la compañía para vender productos de otra marca, entre otras acciones deshonestas. Todo eso debe prevenirse con los filtros convenientes y efectivos para aplicarlos en la selección de los candidatos antes de contratarlos.

CÓMO DETECTAR SI UN VENDEDOR ES DESHONESTO

La forma que aconsejo usar para detectarlo es la evaluación cuidadosa de los antecedentes laborales del prospecto. Los vendedores deshonestos dejan huella a lo largo de los trabajos por los que pasan y por lo tanto la investigación cuidadosa de sus antecedentes a través de las referencias es muy importante antes de contratarlos, preguntar el motivo por el que dejaron la última empresa donde trabajaron. Las indagaciones no deben limitarse a los encargados de las áreas de recursos humanos de sus empresas anteriores, que normalmente no conocen a fondo el comportamiento en detalle del candidato, sino a buscar sus referencias con el que fue su jefe en línea directa de la jerarquía.

Un vendedor que haya salido de una empresa por habérsele comprobado un fraude o cualquier conducta inapropiada podrá ser detectado si se hace una investigación cuidadosa de sus antecedentes laborales en las últimas tres empresas, como lo veremos en el capítulo correspondiente.

RESUMEN

- El vendedor debe ser íntegro y honesto, más no tan ingenuo como para

exagerar los detalles e inconvenientes de lo que vende.
- El vendedor debe inspirar confianza al prospecto si quiere mantener las relaciones productivas en el largo plazo.
- Deben revisarse los antecedentes laborales del candidato para comprobar su honestidad. La gente deshonesta deja huellas que pueden ser detectadas revisando sus referencias en sus últimos tres trabajos.

EN EL SIGUIENTE CAPÍTULO

Las pruebas psicométricas que veremos en el próximo capítulo nos permitirán detectar la conducta que deberá tener el vendedor para alcanzar el éxito.

Capítulo 4
EL TEMPERAMENTO BÁSICO
Personalidad y Carácter

He tenido, sucesivamente, todos los temperamentos: el colérico en mi infancia, el sanguíneo en la juventud; más tarde, el bilioso, y, por fin, el melancólico, que, probablemente, no me abandonará ya

Giacomo Casanova

Los médicos de la antigüedad, como Hipócrates (470 a 370 a.C.) y Galeno (129-200) ya distinguían entre cuatro tipos de temperamento: flemático (las personas apáticas o racionales), colérico (con un predominio de los impulsos), melancólico (cercano a la congoja y el abatimiento) y sanguíneo (sujetos de humor variable).

LOS AZULES: LOS FLEMÁTICOS

El tipo flemático es de un carácter demasiado tranquilo, no se inquieta nunca o casi nunca se enoja. Es una persona llevadera y por naturaleza es el más simpático de los temperamentos. Para él la vida es alegre, tranquila, pero sin emoción, evita comprometerse en todo lo posible.

Él es tranquilo y sereno, parece nunca estar inquieto o agitarse por alguna cosa.

Atrás de su aparente tranquilidad es una persona que tiene emociones y la capacidad de apreciar estas en los demás, en las artes y en las cosas agradables de la vida.

Al flemático no le faltan amigos porque le gustan las personas y tiene un sentido un poco sarcástico. Puede ser que sea de esas personas que hace reír a los demás con sus comentarios agudos en una reunión. Tiene la capacidad para ver el lado humorístico de la vida y tiene una actitud positiva hacia la vida. Una de sus características es que por diversión provoca a los demás y se burla de los otros temperamentos.

El flemático tiende a ser más bien espectador de la vida, procura no comprometerse mucho con las actividades en relación con los demás, es más, cuesta muchísimo trabajo hacer que se comprometa y forme parte en alguna actividad grupal que lo saque de su rutina. Puede ser difícil de mover y excitarse con algún proyecto, pero una vez que se entusiasma por él se pone manos a la obra con calidad y eficiencia para resolver, de acuerdo con el interés con que se le haya despertado. Es una persona conciliadora con los demás y un planificador nato.

LOS VERDES: MELANCÓLICOS

El melancólico suele descubrir su mayor sentido de la vida entregándose al sacrificio personal. Con frecuencia elige una vocación difícil, que requiera mucho sacrificio personal, pero una vez que ha elegido, tiende a ser sumamente metódico y persistente en el cumplimiento de ésta, y es más que probable que realice grandes cosas si su tendencia natural a quejarse del sacrificio que significa, no lo deprime hasta el punto de hacerlo abandonar totalmente.

Para la industria esto es una ventaja, porque mediante este rasgo, el melancólico puede anticipar los problemas y prepararse para ellos. Pero al mismo tiempo es una desventaja porque le impide hacerlo para su propio beneficio y sacar ventaja de su creatividad.

Es raro que una persona predominantemente melancólica inicie un nuevo negocio por su cuenta; en cambio es fácil que sea utilizado por personas menos dotadas, pero de temperamento más emprendedor.

De acuerdo con su tipo de sistema nervioso débil, posee una muy alta sensibilidad, un alto nivel de actividad y concentración de la atención, así como una baja reactividad ante los estímulos del medio; es introvertido y lo caracteriza una baja flexibilidad a los cambios en el ambiente.

Es abnegado, perfeccionista y analítico. Es muy sensible emocionalmente. Tiende a ser introvertido, sin embargo, puede actuar de forma extrovertida. No se lanza a conocer gente, sino deja que la gente venga a él. Sus tendencias perfeccionistas y su conciencia hacen que sea muy fiable, pues no le permiten abandonar a alguien cuando está contando con él. Además de todo, posee un gran carácter que le ayuda a terminar lo que comienza. Pero es difícil convencerlo de iniciar algún proyecto, debido a que siempre está considerando todos los pros y contras en cualquier situación.

Definitivamente este temperamento es el que menos le queda las ventas ya que su extrema sensibilidad le resultaría difícil enfrentarse a las dificultades propias de la actividad de las ventas.

LOS ROJOS: COLÉRICOS

El colérico tiene características de liderazgo, motivación y productividad, siempre y cuando no se le exija demasiada atención a los detalles y a la planificación analítica.

A este estilo lo encontramos en el área de la construcción, dirigiendo obras en forma muy productiva y con gran liderazgo, como capataz o líder de obra.

En las finanzas también encontramos el temperamento colérico, ya que éste tiene una gran visión para los negocios y no se limita exclusivamente a sus propias ideas. Pone su atención en aquellos que pueden proporcionarles ideas progresistas, de las cuales pueda tomar bandera. Sin embargo, el colérico es muy difícil que sea estable en un negocio a pesar del éxito, ya que cuando el negocio crece bajo su dirección y surgen muchas cuestiones de detalle, termina por absorberlas bajo su responsabilidad, porque es deficiente en delegar funciones. Cuando encuentra que ya está tan ocupado que no puede con la operación, termina por vender el negocio.

El colérico no es un perfeccionista sino un productor. Prefiere hacer 20 o 30 cosas a medias que pocas al 100%.

El colérico tiende a hacer actividades en donde pueda desenvolverse bien, como en la política, en funciones militares, y en los deportes.
Podemos considerar aún al colérico para ventas, ya que tienen flexibilidad, aunque habría que considerar que su falta de consistencia lo puede hacer abandonar su presa y si se dedicara a la gerencia comercial, estaría involucrándose en los procesos de las ventas de todo el mundo y perdería las funciones de liderazgo que requieren estos.

LOS AMARILLOS: SANGUÍNEOS

La persona de temperamento sanguíneo, en general resulta excelente vendedor porque se siente muy atraído hacia su profesión. Suele ser buen actores, anfitrión, predicador, locutor, animador, político, etcétera.

El sanguíneo es tremendamente desorganizado y siempre están en movimiento. Rara vez planifica por anticipado, pero es feliz la mayor parte del tiempo.

Debido a que raramente aprende de la experiencia y tampoco ve la construcción de lo que sucederá en el futuro, sólo se concentra en el día a día. Por lo tanto, en cualquier actividad a la que se dedique el sanguíneo siempre conviene que tenga mucho contacto con las personas.

Dado que tiene un ego muy exigente, le gusta vestir bien, a pesar de que en su habitación se encuentre todo absolutamente en desorden.

Se trata de una persona cálida, campante, viva, que disfruta la vida siempre que se pueda.

Es receptivo por naturaleza y las impresiones externas encuentran fácil entrada a su interior en donde provocan muchas reacciones.

Tiende a tomar decisiones basadas en los sentimientos más que en la reflexión, es extremadamente comunicativo, por lo que se puede considerar que es un súper extrovertido.

Tiene una capacidad para disfrutar y por lo general contagia a los demás de su espíritu, es amante de la diversión.

Este tipo de persona por lo general habla primero y piensan después, es muy extrovertida, activas e intuitiva a la vez. Tiene carisma, nunca le falta de qué hablar.

Despreocupado como es, no le aflige el futuro ni le molesta el pasado, es excelente narrador de cuentos y chistes.

Vive en el presente. Su conversación tiene una cualidad contagiosa. Tiene chispa y capacidad fuera de lo común para disfrutar de todo. Es Cordial.

Sus principales problemas tienen que ver con su emotividad impredecible, tiene arranques de enojo. Exagera la verdad, aparenta falta de sinceridad y no tiene mucho control de sí mismo. Toma decisiones en base a sus emociones y tiende a hacer compras impulsivas.

Este es el temperamento donde encontraremos a nuestro **Garbanzo de a Libra.**

RESUMEN

- El temperamento del vendedor es un elemento muy importante para pronosticar el mejor desempeño y éxito en las ventas.
  - Los Azules: Son los flemáticos y no tienen buenas características para las ventas por carecer de entusiasmo. No son líderes, por lo que tampoco se desempeñarían bien como gerentes comerciales.
  - Los Verdes: Son los melancólicos, que son perfeccionistas y les desagrada lo impredecible. No tienen un buen temperamento para las ventas, pero podrían desempeñarse bien en la Gerencia Comercial por su compromiso con alcanzar las metas.

- Los Rojos: Son los coléricos, son ambiciosos y buenos comerciantes, pero les falta consistencia en el esfuerzo para concluir las ventas. Pueden ser buenos como gerentes comerciales, aunque les falta saber delegar y asumen las responsabilidades completas del departamento.
- Los Amarillos. Se trata de los sanguíneos, son entusiastas y extrovertidos, les apasiona todo lo que hacen y les llena de entusiasmo la actividad que desempeñan. En este temperamento se ubican los Garbanzos de a libra.

EN EL SIGUIENTE CAPÍTULO

Cada vendedor tiene su propio estilo y organización para las ventas y lo que le funciona a uno no le funciona a otro. El estilo de vender, lo trataremos en el siguiente capítulo.

Capítulo 5
LOS ESTILOS DE VENDER

Las ventas dependen de la actitud del vendedor, no de la actitud del prospecto

William Clement Scott

Los vendedores tienen sus estilos propios de vender, no hay dos iguales, pueden contar con las mismas técnicas, pero lo que les queda mejor es lo propio de sus características personales.

Un vendedor cuando inicia puede copiar las técnicas que ve de sus compañeros, puede tratar de seguir las reglas que aprenden de Zig Ziglar o de Og Mandino, pero tarde o tempranos su personalidad se impone y será lo que mejores resultados le dará. El estilo de vender es un proceso de prueba y error que el vendedor va desarrollando de acuerdo con los resultados que va obteniendo en las ventas. El estilo de vender es propio de cada uno de ellos y no se puede obligar a que lo cambien porque destruiría ese elemento que da la efectividad en el agente de ventas.

Algunos estilos de venta con los que me he encontrado en más de 30 años de experiencia son los que siguen:

LOS FANÁTICOS

Algunos vendedores venden bien haciéndose primero amigos del comprador. Nuestro **garbanzo de libra,** aquél que líneas arriba comenté que tuvimos en la empresa, era un vendedor que sabía y era un fanático del fútbol, por lo que conseguía sus ventas hablando de lo que le apasionaba. Aprovechaba de la rivalidad que existe entre los fanáticos del futbol y luego provocaba al comprador tomando partido, de ser posible, por el equipo contrario y por supuesto que rival de su equipo favorito. Por ejemplo, si el comprador le iba al América, él le llevaba la contra apoyando al Guadalajara, el rival acérrimo de este. Para quien es aficionado al futbol, le resulta muy divertido hacer puya de los que le van al equipo contrario, y esa era su arma favorita para vender: hablar primero de fútbol, de los últimos resultados, del torneo y de las posiciones de sus equipos en el torneo, hacer guaza de las respuestas del comprador y viceversa. El cierre de la venta era cuestión del último minuto de aquella charla tan agradable y divertida. El comprador le entregaba el pedido cuando ya estaba con el tiempo encima para ocuparse en alguna otra actividad, mientras el vendedor solo recogía el pedido firmado sin mayor problema. ¿Habría alguien que pudiera amenazar cambiar de vendedor cuando el cliente lo considera tan divertido? y así era nuestro "garbanzo de a libra", tenía la capacidad de divertir hablando de lo que le apasionaba y disfrutando de las chanzas de las que disfruta tanto con su amigo el vendedor.

LOS CULTOS

A algunos les va mejor dirigiéndose a un tipo de prospecto culto. Les agradan los clientes con quienes charlar, hablar de los libros leídos, de sus autores favoritos, etc. En medio de esa charla sobre libros, arte o música, se genera la empatía necesaria para hablar de algo tan pueril como levantar el pedido. Solo necesitan empatar con los intereses de su cliente y hablar de su tema favorito para llevarse el pedido. El problema es encontrar al tipo de comprador culto en medio de muchos que no lo son o bien manejar varios estilos de vender para no restringirse a uno solo. Los clientes tienen gustos diferentes a los que se debe acoplar el vendedor empáticamente. **El peor estilo para vender es hablar con el cliente de sus propios gustos e intereses.**

LOS CUENTA CHISTES

A otros les gusta contar sus mejores chistes como una forma de relajar el ambiente y atraer al posible comprador simpatizando con su estrategia de venta.

Es frecuente encontrar en los vendedores que dan una risita al final de un comentario, lo que obliga a su interlocutor a responder con otra risita y así va sincronizando paso a paso entre los argumentos de venta y la empatía con el comprador hasta llegar al cierre de la venta. Es muy difícil sustraerse a esa clase de risita contagiosa, y es un arma muy eficaz para empatar emocionalmente con el cliente o prospecto.

LOS SERVICIALES

Hay vendedores que son serviciales a un grado extraordinario, de tal forma que el prospecto o su cliente queda completamente asociado con él porque sabe que será muy difícil encontrar a otro que se le parezca ya que su extraordinaria actitud de servicio le da la confianza que puede contar con él en toda ocasión para resolverle sus problemas.

LOS SISTEMÁTICOS

Es el tipo de vendedor que es organizado con sus técnicas de venta y busca no apartarse de las fórmulas que mayores éxitos le han conseguido. A este agente le gusta aplicar las teorías de venta en un proceso casi mecanizado, pero que le da resultado, es un científico de las ventas. Sabe cuál es la apertura, dice lo que tiene que decir en el medio, conoce lo que hay que preguntar y cuándo estar al tanto de lo que necesita, y finalmente consigue que su prospecto o cliente le mande la señal que le confirma que ha llegado el momento de cerrar la venta. Su sistema le ha dado resultados en el pasado tantas veces, que sigue refinando su técnica hasta volverse una roca sólida con un procedimiento inequívoco para alcanzar sus resultados de ventas con la mayor variedad de prospectos y clientes.

Los vendedores de tiempos compartidos son un ejemplo de ellos, se aprenden un guión que aplican a sus prospectos de una manera sistemática y a la vez flexible. Siguen una lógica en el proceso de la venta para encausar al comprador de acuerdo con sus respuestas hasta conducirlos al cierre de la venta. Si siguen cuidadosamente su guión, sus ventas serán frecuentes y exitosas.

Este tipo de ventas por guión, aplica a venta de seguros, venta de viajes turísticos. Realmente debería de poder aplicarse un sistema así a muchos otros campos de la venta, ya que es un camino seguro y efectivo.

LOS CONVENENCIEROS

También hay la clase de vendedores que venden por conveniencia. Se trata de aquellos vendedores que muchas veces, con la autorización del dueño de la empresa, buscan las ventas a cambio de una comisión por debajo de la mesa a cambio de llevarse el pedido.

Estos vendedores que manejan comisiones por debajo del agua, cuentan con una habilidad para saber ofrecer la comisión "negra" sin que se ofenda la otra persona y al final de cuentas estos mercaderes venden, no tanto por sus grandes cualidades, sino principalmente por el beneficio que representa a los compradores. El proveedor debe de dar esa confianza para evitar afectar al comprador. En muchas ocasiones el consumidor puede dar información confidencial a su vendedor por comisión para que ajuste el precio, de acuerdo con los requerimientos que tengan en la empresa, en cuyo caso, ambos cumplen con las condiciones de conseguir beneficiarse los dos sin perjudicar a la empresa, eso claro, al margen de la ética muy particular con la que realizan sus negocios.

LOS ENCANTADORES

Estos vendedores buscan el acercamiento con la secretaria a través de una gama de recursos, desde una plática agradable hasta un chocolate de los que siempre llevan en sus bolsillos, para esas ocasiones. Una secretaria puede abrirle la puerta para ver al ocupado jefe, dándole información valiosa, como a qué horas se encuentra más disponible, o tal vez le ayude a saber si están en vías de comprar lo que él está ofreciendo, o bien saber si debe dirigirse a otra persona de la organización, que es el que realmente toma las decisiones.

Tuvimos el caso de otro vendedor extraordinario con un estilo muy distinto al vendedor fanático de los deportes. Este vendedor era de origen italiano, había sido capitán de un barco turístico italiano y utilizaba todas las técnicas bien aprendidas mientras había sido oficial del barco. El capitán conseguía no solamente vender los productos, además que ni siquiera necesitaba dar descuentos especiales ya que su presencia como extranjero hacía que a los clientes les costara trabajo sustraerse a sus encantos, sobre todo si se trataba de mujeres ya que no se atrevían a incomodar a un tipo tan refinado, con tanta clase y con ese acento extranjero que hacía que la gente se sintiera obligada a premiarlo, accediendo a comprarle en reciprocidad al honor que les inspiraba su visita.

Es importante considerar que puede haber una combinación de todos los estilos para asegurar las ventas. La habilidad de adecuarse a diferentes estilos apoyará el objetivo de las ventas. Por supuesto, nunca está de más apoyarse en una agenda para anotar todos los detalles que irán afinando los recursos para la venta.

RESUMEN

- Es importante aprender a detectar los estilos de venta para evaluar los recursos con que cuentan los agentes para conseguir sus ventas.
- Aunque es probable que haya otros más, estos estilos están entre los más importantes y efectivos con los que me he encontrado:
  - Los fanáticos. Hablan de futbol o cualquier otro deporte que le guste al comprador para conseguir la venta.
  - Los cultos. Hablan de música, libros, teatro y todo lo que le atraiga a un comprador culto.
  - Los cuenta-chistes. Se relacionan con el comprador durante toda la negociación con una risita cómplice a cada momento, para apoyar el proceso de venta.
  - Los serviciales. Se desviven entregando muestras, resolviendo los problemas de sus prospectos para solidificar su posición con el cliente.
  - Los sistemáticos. Aprenden un guión que los conduce a cerrar la venta en

una sola visita.
- o Los de conveniencia. Se brincan todas las etapas de la venta para llegar a través del bolsillo a su prospecto.
- o Los encantadores. Entran por el corazón de la secretaria del jefe.
- El peor estilo para conseguir las ventas es cuando el vendedor busca acaparar la conversación, platicando sus propias historias en lugar de escuchar y dar relevancia a los gustos de su prospecto.

EN EL SIGUIENTE CAPÍTULO

Revisaremos las ventajas y desventajas de la edad del vendedor, ¿más sabe el diablo por viejo que por diablo?

Capítulo 6
LA EDAD DEL VENDEDOR Y CÓMO INFLUYE EN SU DESEMPEÑO

La edad es una cuestión de mente sobre materia. Si no te importa,

no pasa nada

Anónimo

MÁS SABE EL DIABLO POR VIEJO QUE POR DIABLO

La edad del vendedor debería de significar normalmente una ventaja para la mayoría de los puestos de venta, debido principalmente a los contactos que se acumulan con el paso del tiempo, por la experiencia como vendedor para manejar a los clientes, por su estabilidad en el trabajo y por la organización de sus actividades acumuladas y afinadas por el tiempo.

La edad, sin embargo, también tiene sus inconvenientes, como puede ser contar con menos energía, ya que ésta se va perdiendo con el paso de los años. Con éstos, también se acumula cierta rigidez en cuanto a adaptarse a nuevos esquemas de venta o a los nuevos controles de software para supervisar a los vendedores y a las ventas, que la empresa pudiera requerir.

En algunos casos la edad y la experiencia del vendedor se tiene que evaluar, de acuerdo con el producto y servicio que se tenga, para que se aprovechen efectivamente sus contactos. Por ejemplo, si el vendedor ha vendido equipo de oficina y cambia a la venta de automóviles, en este giro no le serán de mucha utilidad sus contactos y la experiencia previa de ventas, que tiende a asociarse con los productos que ha vendido. Se buscaría asociar sus nuevos productos con aquellos afines, en donde los compradores que conoce tengan un perfil similar a los que requiere para comercializar con éxito los productos nuevos.

Algunos buenos vendedores seniors pueden desempeñarse bien como gerentes comerciales dada su experiencia, la estabilidad emocional y el respeto que han generado al paso de los años, aunque hay que tomar en cuenta que nada de esto juega a su favor si se carece de los dones propios del liderazgo.

Por otro lado, los vendedores que recién empiezan tienen el inconveniente que, si son representantes de la nueva generación de los millenials, muchos de ellos pueden estar poco acostumbrados a la frustración, a la consistencia en el esfuerzo y son reacios a ser supervisados por sus jefes.

Sin embargo, un joven con potencial para las ventas puede transformarse en un vendedor exitoso siempre y cuando esté bien guiado, en su etapa inicial, por los vendedores de más experiencia.

CÓMO IMPACTA LA EDAD

A continuación, veremos las repercusiones de la edad de acuerdo con el producto que se vende:

Visitadores médicos. Los jóvenes pueden ser más favorables para esta actividad, ya que cuentan con ímpetu y con una mente más aguda que la gente de mayor edad. Son más creíbles al explicar sobre las formulaciones de los nuevos medicamentos, ya que ellos representan lo novedoso. El inconveniente con ellos es la alta rotación que tienen, sobre todo cuando son muy jóvenes y aún no tienen una responsabilidad formando una familia.

En algunos casos puede ser conveniente contar con gente de mediana edad, ya que ha acumulado probablemente más contactos a lo largo de los años de haber sido visitadores médicos. La edad puede ayudarles a explicar mejor los medicamentos más tradicionales para los adultos y la gente mayor, ya que la edad refleja experiencia.

Los vendedores de seguros. En este caso, los vendedores de mayor edad tienen buenos resultados especialmente para la venta de seguros por enfermedad o los seguros de vida, ya que sus años de vida les dan cierta confiabilidad a sus argumentos para explicar las ventajas de adquirir un seguro, especialmente para los prospectos jóvenes.

Vendedores de tiempos compartidos. En este caso, los jóvenes se desempeñan mejor como promotores de tiempos compartidos para departamentos y hoteles, ya que su venta va dirigida principalmente a los matrimonios jóvenes que están empezando con sus familias.

Vendedores de punto de venta. Para los trabajos detrás de un mostrador es mejor la gente joven, ya que hay un desgaste físico en las actividades de este tipo de negocios, como cargar mercancía y acomodar en los anaqueles, además de atender a los clientes permaneciendo la mayor parte del tiempo de pie, lo que puede representar un mayor reto a las personas de edad avanzada.

Vendedores de equipo de oficina. La venta de equipo de oficina puede ser favorable contar con personas de mayor experiencia en ventas y que cuenta con una amplia cartera de clientes que pueden aprovechar, por lo que los vendedores seniors pueden tener más éxito en este tipo de ventas.

Los más jóvenes son, como lo hemos dicho, impetuosos y esa actividad les favorece para abrir el mercado, pero hay que tomar en consideración que la estabilidad es el factor que entra en juego como inconveniente para los más jóvenes, ya que suelen desanimarse fácilmente sin esperar el tiempo necesario para consolidarse en la actividad de venta. En el caso de los jóvenes que ya tienen una familia, la responsabilidad se convierte en una motivación para contrarrestar los anteriores inconvenientes.

Vendedores de productos de marca. Una marca bien posicionada realiza la mayor parte del proceso de ventas. Para la venta de productos de marca no se requiere de aplicar todo el proceso de ventas, por lo que aquí pueden apoyar los vendedores que se identifiquen con el producto que la marca ofrece. En general, la edad no es de peso como lo son otros factores que la marca impone, por ejemplo, los productos de belleza, les van mejor a las mujeres con los atributos físicos que correspondan a los resultados que promete el producto.

Vendedores de bienes raíces. Es un giro para diferentes edades, dependiendo de las características de lo que se está vendiendo. Los departamentos de una nueva unidad de residencias, podrían ser más sencillos de vender por gente joven, ya que al igual que en los tiempos compartidos, el que lo vende debe corresponder con el tipo de comprador. Una pareja de jóvenes que busca hacerse de una propiedad, tiene necesidades de espacios distintas a las que tienen hijos adolescentes o losde una familia donde están solo los padres, porque sus hijos ya son independientes, por lo que, en este caso, les quedan mejor los vendedores de edades coincidentes con las de ellos.

Vendedores de maquinaria y equipo. El equipo tecnológico requiere de un lenguaje especializado, además de los requerimientos de las normas y certificaciones para su aplicación en la industria, por lo que les queda mejor a los profesionistas de reciente egreso, así como a los de mediana edad, ya que la preparación es importante por ser una venta que requiere de un asesoramiento especializado.

Vendedores mayoristas. Un vendedor mayorista requiere tener contactos en las empresas distribuidoras de los productos y esto se alcanza al paso de los años. Un vendedor de mediana y hasta la tercera edad, puede dar buenos resultados en virtud de los contactos que se tienen, que normalmente van creciendo y consolidándose con el tiempo.

RESUMEN

- La experiencia ganada con el tiempo puede significar más y mejores contactos para los vendedores.
- Algunos buenos vendedores con suficiente experiencia en su campo pueden desempeñarse bien como gerentes comerciales si cuentan con capacidades de liderazgo.
- Visitadores médicos. Los jóvenes pueden ser más favorables para esta actividad, ya que cuentan con más ímpetu que la gente de mayor edad.
- Vendedores de seguros. En buena medida los vendedores de edad les favorece esta actividad, por la credibilidad que da la experiencia.
- Vendedores de tiempos compartidos. Los jóvenes dan mejores resultados como promotores de tiempos compartidos de departamentos y hoteles.
- Vendedor de punto de venta. Para los trabajos detrás de un mostrador en los puntos de venta, son mejores los jóvenes, ya que requieren de mucha resistencia, por el desgaste físico que implica este tipo de ventas.
- Vendedores de equipo de oficina. Para la venta de equipo de oficina, la mayor edad significa acumulación de cartera de clientes, lo que les es más favorable que a los jóvenes.
- Venta de productos de marca. Este es un mercado para los vendedores que tengan entre 25 y 30 años y que se identifiquen con el producto a vender.
- Venta de bienes raíces. Es un giro para diferentes edades, dependiendo de las características de los bienes que se vendan.
- Venta de maquinaria y equipo. Normalmente es más para la gente joven, ya que el producto está plagado de especificaciones técnicas, normas y certificados que es más manejable para los profesionistas jóvenes.
- Ventas mayoristas. Depende de los contactos que se tenga, por lo que también le beneficia la edad. Un vendedor mayorista requiere tener contacto con las empresas distribuidoras de mayoreo y esto se alcanza al paso de los años.

EN EL SIGUIENTE CAPÍTULO

Terminamos de revisar las condiciones generales para definir el perfil del vendedor. Ahora contemplaremos el contrato y las condiciones generales en las que va a laborar.

Capítulo 7
CONTRATO, SUELDO Y BONOS

En la vida no hay premios ni castigos, sino consecuencias

Anónimo

SUELDO FIJO Y COMISIONES

Las ventas no son para todas las personas, ya que el sueldo que se recibe mensualmente es más bajo que en la mayoría de los otros puestos de trabajo en la empresa. La parte más fuerte de los ingresos es variable y representa aproximadamente el 70 % de los ingresos del vendedor, así que, si no vende, no recibe esta parte. En la entrevista que se hace a los candidatos, es posible percatarse si realmente el candidato está consciente de las condiciones generales que ofrecen las ventas. Cuando los candidatos hacen mayor hincapié sobre el sueldo base que sobre la comisión por las ventas, realmente es necesario pensar si se trata de buenos vendedores.

Las comisiones están calculadas para que el esfuerzo para realizar la venta sea suficiente como para justificar la inversión que se hace en el vendedor. Si la comisión que se obtiene es demasiado baja para el esfuerzo que realiza el vendedor, éste no se motivará para dedicarle todo su esfuerzo y tiempo, pues sentirá que conseguirá una recompensa precaria que, además, en muchas ocasiones depende no solo de su empeño, sino también de las condiciones del mercado. Es cierto que hay altas y bajas y se da el fenómeno de la temporalidad, pero todo esto lo debe tomar en cuenta el patrón para fijar una comisión que, además de ser conveniente para la empresa, sea percibida por el empleado como una recompensa justa a su cometido.

La comisión se calcula en base a la venta y, en muchos casos, está condicionada a la cobranza de la factura, esto debe ser cuidadosamente manejado en un contrato entre la empresa y el vendedor, indicando con toda claridad lo que pasa con el pago de sus comisiones, asociadas al cobro de la factura, además de las políticas de descuentos y lo que corresponda en los casos de las devoluciones que se puedan llegar a generar posterior al pago de las comisiones. Un contrato de relaciones laborales ahorra problemas en el futuro.

LA VENTA DE PRODUCTOS DE MARCA RECONOCIDA

El apoyo de la marca es un factor muy importante para conseguir las ventas, ya que cuando la marca se encuentra bien establecida, las ventas se consiguen sin necesidad de aplicar mucho esfuerzo. De hecho, los vendedores de productos de marcas sólidas pueden trabajar solo con un sueldo base.

Se debe tomar en cuenta los antecedentes laborales de aquellos vendedores cuya experiencia ha sido principalmente en empresas de marca reconocida, ya que carecen muchas veces de la experiencia en otros aspectos de la venta, como la prospección y, por lo tanto, hay que considerar que requieren menos entrenamiento y un menor tiempo en la curva de aprendizaje para conseguir los resultados que se esperan, comparado con la venta de productos y servicios que no estén respaldados por una marca de prestigio.

LA CURVA DE APRENDIZAJE Y EL PERIODO DE PRUEBA

En algunas empresas se apoya al vendedor con un monto equivalente a las comisiones que se espera que reciba, una vez superada la curva de aprendizaje. Si no se apoya al nuevo vendedor en este período. queda sujeto solamente a su sueldo base y, en estas condiciones, sus gastos normales lo presionarán o bien se endeudará antes de empezar a recibir sus comisiones. Considerar esto es especialmente importante cuando el vendedor pasa de un ramo de productos a otro distinto.

En muchos casos, la presión económica puede ser un estímulo para dar los resultados que se esperan con más rapidez. Esto me recuerda el caso de una compañía en donde el agente tenía que demostrar su capacidad de ventas y obtener comisiones desde el primer mes, ya que si no las que obtenía estaba por debajo de la meta y simplemente se le daba de baja. En el periodo de prueba, que es el periodo de garantía para la empresa, a los vendedores que no cumplen con la meta, no se les tiene que pagar una liquidación, y los resultados o la falta de ellos son la prueba de fuego para medir las capacidades de los agentes.

El caso que refiero en el párrafo anterior es el de una empresa que vende componentes electrónicos los cuales tienen un costo por pieza realmente pequeño, de manera que las ventas no son difíciles de conseguir y si se hace un trabajo realmente efectivo, se obtendrán resultados desde el principio, ya que son productos "comodities", esto no es aplicable para otra clase de productos de otras características y valor. Si se trata de productos o servicios de alto valor, no se pueden aplicar estas políticas, porque el proceso de venta es mucho más complicado y largo.

Cada caso debe analizarse en forma independiente y revisar qué es lo mejor para compensar la falta de resultados suficientes en el periodo de prueba del vendedor. Los esquemas de comisiones que son convenientes para los productos o servicios de una empresa no necesariamente son convenientes para otros tipos de empresas.

Hay otras estrategias para el manejo del período de prueba, que consisten en proporcionar al vendedor una comisión anticipada en el período inicial, para luego descontarla de las comisiones que consiga en el futuro; es decir, este recibe los primeros meses una comisión anticipada a sus ventas, las cuales se irán descontando de los siguientes pagos de comisiones, durante un plazo previamente determinado.

INVENTIVOS Y BONOS

Existen, además del sueldo y las comisiones, otros incentivos, como bonos, que se dan por alcanzar una meta. Premios en especie, como viajes con gastos pagados a un lugar de descanso con toda la familia. Se pueden exponer los resultados ante todo el grupo para que exista una competencia por verse en el primer lugar de la tabla o para evitar estar entre los de la parte de baja. Esta exposición de los resultados puede utilizarse, entre otras medidas, para tomar decisiones drásticas que pueden llegar hasta el despido.

Otros estímulos para fortalecer las relaciones de los buenos vendedores con su empresa son las prestaciones, como: pago de viáticos, equipo de cómputo, teléfono, seguro de gastos médicos, entre otras. Este paquete de prestaciones ayudará a los vendedores a mantener su entusiasmo y compromiso con su empresa.

SUELDOS EN EL MERCADO DEL TRABAJO

A continuación, presentaremos algunos sueldos, bonos y prestaciones de acuerdo con los puestos de trabajo, aunque estos son un promedio, ya que es difícil especificar las variantes que puedan tener los productos o servicios que se ofrecen a la venta. Esta lista es sólo una referencia. Para obtener datos más específicos y actualizados, consulta el siguiente enlace: https:// neuvoo.com.mx/salario/?job=Vendedor

Sueldo en pesos al cambio de: 1 USD igual a $ 20.00 M.N. (el cambio que se tenía en México a junio del 2020, en que se elaboró la siguiente tabla):

- **Visitadores médicos.** El salario promedio de **Visitador Médico** en México es de **$123,000** anuales. Puestos de jerarquía básica perciben **$36,000** anuales mientras que profesionales con más experiencia pueden llegar a ganar hasta **$209,000** anuales. En algunas empresas farmacéuticas líderes del mercado manejan un sueldo base de **$15,000** mensuales y otro variable por el mismo monto, en base a un conjunto de actividades medibles, consistentes en visitas médicas y visitas a farmacias.

- **Vendedores de seguros.** El salario promedio en México es de **$102,000** anuales. Puestos de jerarquía básica perciben **$60,000** anuales, mientras que profesionales con más experiencia pueden llegar a ganar hasta **$173,400** anuales.

- **Vendedores de Programas de Software.** El salario promedio de **Vendedor De Software** en México es de **$120,000** anuales o **$61.54** por hora. Puestos de jerarquía básica perciben **$24,000** anuales, mientras que profesionales con más experiencia pueden alcanzar hasta **$204,000** anuales.

- **Vendedor de punto de venta.** El salario promedio en México es de **$60,000** anuales. Puestos de jerarquía básica perciben **$33,233** anuales, mientras que profesionales con más experiencia pueden llegar a ganar hasta **$103,610** anuales.

- **Vendedores de Equipo de Oficina.** El salario promedio en México es de **$72,000** anuales. Puestos de jerarquía básica perciben **$38,400** anuales, mientras que profesionales con más experiencia pueden llegar a ganar hasta **$122,400** anuales, adicionalmente llevan comisiones y en general no hay bonos por meta alcanzada, excepto para los gerentes comerciales.

- **Vendedor de Bienes Raíces** en México es de **$96,000** anuales o **$49.23** por hora. Puestos de jerarquía básica perciben **$38,400** anuales, mientras que profesionales con más experiencia pueden llegar a ganar hasta **$163,200** anuales.

- **Vendedor de Maquinaria Industrial.** El salario promedio del **Vendedor de Maquinaria Industrial** en México es de **$144,000** anuales o **$ 73.85** por hora. Puestos de jerarquía básica perciben **$24,000** anuales, mientras que profesionales con más experiencia pueden llegar a ganar hasta **$240,000** anuales.

- **Vendedor Mayorista.** El salario promedio en México es de **$77,928** anuales o **$ 39.96** por hora. Puestos de jerarquía básica perciben **$24,000** anuales, mientras que profesionales con más experiencia pueden llegar a ganar hasta **$132,478** anuales.

RESUMEN

- Lo usual es que la comisión se calcule en base a la venta y los descuentos que haga el vendedor. En la mayoría de las empresas, la comisión al vendedor se paga después de que se cobre la factura.
- El que es un buen vendedor está más interesado por la parte variable de sus ingresos que por la parte fija.
- Los premios en especie son estimulantes para los vendedores, sobre todo si incluyen a sus familias.
- Los reconocimientos y mostrar las tablas de resultados periódicamente, crea una saludable competencia entre los vendedores.

EN EL SIGUIENTE CAPÍTULO

En el siguiente capítulo hablaremos de la experiencia y cómo incide en la productividad del vendedor.

Capítulo 8
LA EXPERIENCIA

No me digas las horas que trabajas, dime qué consigues

Vicens Castellano

REVISANDO EL VALOR DE LA CARTERA DE LOS CLIENTES DEL VENDEDOR

Uno de los elementos más importantes para evaluar la efectividad de los vendedores, es la experiencia personal con respecto a su carrera profesional en ventas. Es importante revisar si la cartera de sus clientes está alineada con el producto o servicio de la empresa que lo requiere, para incorporarla a sus filas. Puede ser que el producto o servicio que va a ofrecer no sea el mismo que estaba vendiendo en su anterior empleo, pero si sus clientes son coincidentes con los nuevos productos, entonces la cartera de sus clientes es valiosa para la empresa contratante. Si la cartera de clientes no fuera coincidente con el producto o servicio de la nueva empresa, la experiencia debe valorarse en función de los resultados obtenidos en sus anteriores empleos. De cualquier manera, la experiencia en ventas no sólo se mide por la cartera de clientes conseguidos, sino también por las competencias que haya desarrollado el vendedor a lo largo de los años.

VENDEDORES DE PRODUCTOS O SERVICIOS

Pongamos el caso de un vendedor de programas de software que se está postulando para un negocio de ventas de equipo de oficina. Como podemos ver, la experiencia desarrollada en la comercialización de paquetes de software está orientada hacia algo claramente técnico, y la negociación que implica está dirigida principalmente al personal técnico de las empresas, no tanto al personal de compras. Si la nueva empresa que pretende contratarlo es de muebles para oficina, los contactos conseguidos cuando se dedicaba a la comercialización del software no son coincidentes. Del mismo modo, el planteamiento que requiere para negociar el software, no le queda bien para la venta de productos para oficina. De cualquier manera, hay que valorar el alcance y logros que haya tenido el candidato a lo largo del tiempo para este tipo de servicio.

EFECTIVIDAD EN LOS RESULTADOS

Tomemos en cuenta que la experiencia no se mide tan sólo por los años que el vendedor lleva en ventas, es importante que revisemos, sobre todo, su efectividad y la productividad alcanzada. Es bueno hacerle preguntas respecto al tipo de clientes y cuáles fueron los montos de venta más altos alcanzadas en el último año en que estuvo trabajando para la empresa anterior y considerar también las dos últimas.

Por ejemplo: si alguien tiene 10 años dedicado a las ventas, pero sólo se ha dedicado a administrar las cuentas en una compañía de prestigio o de marca reconocida, entonces su experiencia es de un valor menor, comparado con aquel que lleva los mismos años en una empresa sin marca reconocida y, sobre todo, si ha formado una cartera de clientes de alta productividad para sus ventas.

EXPERIENCIA EN VENTAS DE MARCA RECONOCIDA

Cuando un vendedor ha trabajado para una compañía de una marca de prestigio por, ejemplo, vendiendo computadoras HP, la experiencia en las ventas no es tan significativa para desarrollar competencias que le permitan vender una marca que no sea reconocida en el mercado. El reconocimiento de una marca grande, como HP, apoya haciendo el 80% de la prospección y, como consecuencia, esta competencia se habrá desarrollado muy poco en el vendedor.

Un vendedor que desarrolló su experiencia en una marca reconocida en el mercado y con ventas a mayoristas, desarrolla una experiencia que aplica poco para cuando se requiere abrir un nuevo mercado para una marca no reconocida. Las compañías que lo contraten deberán darle el tiempo suficiente para desarrollar las competencias que requiere la prospección y para el desarrollo de otras técnicas de ventas que necesita la nueva empresa.

Un vendedor con alto volumen de ventas que lo haya logrado con varias compañías califica mejor que si otros que tengan el mismo número de años de experiencia en venta, pero con menores resultados y número de clientes.

EXPERIENCIA EN LOS VENDEDORES DE PRODUCTOS INTANGIBLES

Analizando la experiencia de los vendedores de seguros, podemos decir que pertenecen a una clase de ventas que no aplican para la de otros productos o servicios. Un vendedor de seguros puede haber alcanzado un alto número de ventas a clientes en lo individual o a las empresas o ambos. El trato es personal y no cuenta para la efectividad que requiere la comercialización de productos o servicios para las empresas; sin embargo, su experiencia como vendedor de productos intangibles lo hace especialmente valioso, ya que ha aprendido a vender algo que no podemos percibir con los sentidos, entregando sólo un papel para cuando se presenta una eventualidad que cubra el seguro.

CASOS PARA LA ARAÑA

A lo largo de los años que me he dedicado a la búsqueda de personal de ventas, he encontrado casos de éxito que no siguen los caminos trillados que se manejan en la mayoría de las empresas. Tengo el ejemplo de un gerente de ventas con un equipo de trabajo bastante mediocre, pero que lo apoyaba para los detalles que requiere la venta.

Este gerente de ventas se las arreglaba más como vendedor que como gerente de ventas, que era el puesto que tenía en la empresa. Él tenía la responsabilidad de haber liderado a su equipo de trabajo para que las ventas fueran realizadas por ellos, pero al no tener las capacidades gerenciales mínimas, aprovechó a su mediocre equipo de colaboradores para que apoyaran sus propias ventas. Se trataba de un buen vendedor, no de un gerente y los resultados de su departamento fueron muy buenos a pesar de todo. El problema era que sus ventas no subían, porque terminaba por saturarse con su propia actividad en lugar de hacerlas a través de su equipo de trabajo. Esta limitante le llevó a la postre a ser liquidado para poner en su lugar a un verdadero gerente de ventas. Esta forma de vender no está nada mal, si de resultados se trata. Sin embargo, si se pretende que un gerente de ventas realice las funciones de liderazgo para expandir su área, realmente no lo conseguirá.

VENTAS DE MANTENIMIENTO DE CUENTAS

Cuando un vendedor ha alcanzado una cartera de clientes de la cual sólo tiene que repetir y darles mantenimiento, se va perdiendo la capacidad de prospección para la apertura de nuevas cuentas y se estancarán sus resultados, lo cual no es deseable para ninguna empresa, ya que ésta debe buscar la expansión de su negocio a través del crecimiento de la comercialización de sus productos y servicios mediante cada uno de los integrantes del equipo, sin desbordarse de vendedores, que le significaría más gastos operativos y de supervisión. Para ello necesita reforzar a su equipo de ventas con entrenamiento, incentivos y toda clase de medios a su alcance para potencializar su productividad.

RESUMEN

- La experiencia es uno de los elementos más importantes para seleccionar a un vendedor.
- El récord de ventas del vendedor que se caracteriza por aperturas cuentas es más valioso que aquel que solo le da mantenimiento a las mismas.
- La experiencia en un vendedor no son solamente los años que lleva vendiendo, sino la efectividad en los resultados alcanzados.
- Es importante que en la entrevista se hagan preguntas respecto al tipo de clientes y cuáles fueron los montos de venta alcanzados en el último año en que estuvo trabajando.
- La experiencia debe revisarse al menos a través de los últimos 3 empleos.
- La experiencia de los vendedores de las compañías con marca de prestigio en el mercado se valora de una manera distinta a las compañías que no cuentan con ello.

EN EL SIGUIENTE CAPÍTULO

Los CRM ayudan a dar seguimiento al vendedor para conseguir resultados, pero solo en ciertos giros de negocios. Esto lo trataremos en detalle en el siguiente capítulo, donde hablaremos de las ventas a distancia.

Capítulo 9
EL TRABAJO A DISTANCIA

No es que tengamos poco tiempo, es que perdemos mucho

Séneca

TIEMPO: EL RECURSO MÁS IMPORTANTE DEL VENDEDOR

El recurso más valioso para un vendedor es su tiempo, cuando este lo ocupa en su función principal, que es la de hacer nuevos clientes, pero cuando se utiliza para trasladarse a la oficina sin que haya un motivo indispensable, estará desperdiciando buena parte de su recurso más valioso.

El control del vendedor debe estar principalmente anclado a sus comisiones. Es importante que el vendedor sea una persona automotivada y que requiera menos revisión de su actividad por parte de sus supervisores.

La tecnología de hoy es de gran apoyo para la actividad de negocios con la debida supervisión y coordinación para el agente. Los CRM (Sistema para Gestionar las Relaciones con los Clientes) abarca la atención y seguimiento de los clientes para alcanzar los objetivos de la comercialización.

No es conveniente manejar a distancia toda actividad de venta. Sólo aquellas que requieren de una supervisión constante de la Gerencia de Ventas o de la Dirección Comercial. Este es el caso de la gestión de venta de productos o servicios que se manejan a través de licitaciones para la oferta de alto volumen y monto. Se trata de compañías que normalmente realizan ventas al gobierno, como maquinaria, mobiliario de oficinas o productos de alto volumen, cuyas operaciones deben ser bien revisadas por la dirección comercial, debido al estrecho margen con el que se manejan estas operaciones.

BENEFICIOS DE TRABAJAR A DISTANCIA

En algunos productos o servicios, el trabajo desde la casa resulta más conveniente por los ahorros que se obtienen de la renta de una oficina, los tiempos y costos de los traslados a la empresa del empleado, etc. La tecnología permite hacer consultas en tiempo real por video llamadas, las juntas se pueden realizar a través de las plataformas como Zoom o alguna equivalente; los CRM permiten darle seguimiento a todo el proceso. Calcula lo que se aprovecha con los tiempos invertidos para los traslados a las instalaciones de la empresa y multiplícalo por los días de la semana, del mes y del año. Te darás cuenta la productividad que se consigue si se invierte ese tiempo para que el vendedor consiga más ventas.

CONDICIONES PARA EL TRABAJO A DISTANCIA

Actualmente el manejo de las ventas requiere que los vendedores cuenten con habilidades que antes no eran tan necesarias, como ser una persona organizada, la agilidad para responder a los clientes, como lo hacen aquellas empresas de sus competidores que ya están apoyándose en las nuevas tecnologías.

Por otro lado, si no se hace una supervisión de las actividades del vendedor, se puede correr el riesgo de que su tiempo no lo esté invertiendo en hacer las ventas y no lo esté aprovechando. Por un lado, cuenta con mayor libertad para destinarlo a promover sus ventas, pero por el otro, puede ser que no siempre lo haga en favor de la empresa. La falta de disciplina o la ética personal junto con una falta de supervisión pueden dejar las puertas abiertas a que el vendedor lo aproveche para usar el tiempo en atender a otros negocios que no son los de su empresa. Esto hace crítica la selección del vendedor y por tanto se requiere hacer un buen análisis de la personalidad revisando: sus valores, disciplina, organización y manejo de las tecnologías por Internet.

RESUMEN

- El uso de la tecnología permite a los vendedores trabajar desde la casa, con las ventajas de ahorro en los traslados y de la necesidad de tener mucho espacio de oficina, además del mobiliario.
- Las plataformas actuales, como los CRM, permiten hacer una supervisión efectiva para los avances, las visitas y todo lo que significa la gestión de ventas.
- El perfil del vendedor ahora debe incluir algunas habilidades, conocimientos y competencias que antes no se consideraban tan necesarias, como saber redactar bien, registrar a tiempo la información en el CRM, manejo de Internet, etc.
- La disciplina del vendedor y su organización representan valores importantes a considerar para la gestión de las ventas.

EN EL SIGUIENTE CAPÍTULO

La publicación correcta del perfil del puesto ayudará a hacer una búsqueda efectiva, y esto lo revisaremos a continuación.

Capítulo 10
CÓMO ATRAER A LOS PROSPECTOS

Si no sabes lo que quieres, cualquier candidato cumplirá los requisitos

Anónimo

¿QUÉ PUBLICAR PARA ATRAER AL "VENDEDOR GARBANZO DE A LIBRA"?

Tener una idea clara del perfil del vendedor que usted necesita para su producto o servicio es el principio para hacer y publicar el anuncio.

GUÍA PARA LA PUBLICACIÓN DE LA VACANTE

EDAD. Como ya lo habíamos descrito en el capítulo correspondiente, especificar el rango de edad es importante en función del tipo de actividad a la que va dirigido el vendedor. La edad puede ser definida en función del tipo de cliente al que se le quiere vender. En el caso de los vendedores de tiempos compartidos, el rango de edad está dentro de los 25 a 40 años para coincidir con el tipo de cliente al que está dirigido el servicio.

Un vendedor de seguros conviene que su edad sea alrededor de los 50 años y hasta puede rebasar a los 70 o más, ya que una mayor experiencia de vida da mayor confianza a sus prospectos.

Los representantes médicos suelen ser gente joven, ya que hay un gran desgaste físico en los traslados y visitas diarias al que se someten. Para mayores detalles, revisa el capítulo correspondiente.

SEXO. El sexo puede ser importante de acuerdo con el tipo de ventas. Para las ventas de bienes raíces, especialmente para casas habitación, la mujer suele ser más efectiva, ya que la decisión final para la compra de una casa en general es tomada por la señora de la casa y, por tanto, se requiere argumentos que coincidan más con la mentalidad de la mujer, debido a que el punto de vista masculino sobre su casa tiene otro significado.

Para los bienes inmuebles, como renta o venta de oficinas y terrenos, el sexo es indistinto, aunque puede ser más conveniente el hombre, ya que sus argumentos son pragmáticos, mientras que la mujer tiene otro punto de vista enfocado en cómo se va a ver la oficina, aunque, por supuesto, hay muchas excepciones en la actualidad.

La venta de maquinados para la industria metalmecánica es más propia para los hombres que para las mujeres.

Para la venta de seguros, no hay realmente una ventaja clara en cuanto al sexo. Cada caso específico del artículo o servicio dirigido para su venta se deberá analizar de acuerdo con el enfoque principal del mercado al que va dirigido.

ESTADO CIVIL. El estado civil, en general, da estabilidad al vendedor para rotar menos y desempeñarse con más consistencia y ambición. Un vendedor casado, por otro lado, tiene mayores gastos, lo que podría ser un factor de presión que lo impulse a buscar los resultados de ventas más rápido, pero también puede crearle presiones financieras para soportar el período inicial de ajuste y de aprendizaje en el que las ventas son más difíciles. El período de adaptación suele ser más difícil para el vendedor con familia que para un soltero; es importante generar esquemas de apoyo para los vendedores que estén en esa situación, de otra manera no podrán concentrarse al 100 % en la venta.

LUGAR DE RESIDENCIA. El lugar donde se vive puede ser importante cuando se tenga que ir a la oficina y viva muy retirado, por lo que habrá que contemplar la inversión del tiempo y esfuerzo que se ocupa en el transporte. Los vendedores que no cuenten con un automóvil se verán afectados también en las visitas a sus prospectos y clientes.

TIEMPO DE EXPERIENCIA. ¿Requiere1, 2, 3 o más años de experiencia?, los vendedores se foguean a través del ejercicio constante de la venta. Un agente que recién incursiona en las ventas requiere pasar la curva de aprendizaje que puede ser tratada para conseguir resultados, por lo que se requiere no solamente aprender lo propio del producto o servicio de que se trate, así como la formación de la cartera de clientes para que consiga los resultados que se esperan para este y su empresa.

Cuando en el anuncio se escribe algo así como "Se Solicita Vendedor" puede ser que atraiga muchos candidatos, pero... ¿de qué serviría si el vendedor que usted necesita es para venta de seguros?, no le servirá un vendedor que tiene la experiencia en venta de productos para las tiendas de abarrotes, tampoco serviría contratar a una persona que tenga experiencia en venta de muebles para oficina, si lo que necesita es alguien que tenga experiencia en maquinaria para la industria.

Cuando el campo de la experiencia es distinto de la de sus productos o servicios, los resultados al formar una cartera de clientes llevarán más tiempo y tanto el contratante como el agente terminarán por frustrarse y abandonar la relación de trabajo. Los campos de acción de la experiencia pueden apoyarse cuando los compradores de esos productos son coincidentes y esto acelera la curva de aprendizaje para conseguir los resultados en forma más rápida.

Desde luego, especificar el sector o área de experiencia y el tiempo que requiera apoyará la rapidez de los resultados esperados en las ventas. Entre más cerrado se defina el campo de la experiencia, los resultados se alcanzarán en menos tiempo.

TRANSPORTE. Si el requerimiento es que el prospecto cuente con automóvil y no lo específica, más tarde se dará cuenta de la diferencia que existe con la movilidad cuando se carece de ese medio.

IDIOMAS. Si el trabajo requiere que tenga un nivel aceptable de inglés o cualquier otro idioma, es conveniente que lo especifique claramente en la redacción de la vacante, ya que si este requisito es de peso para conseguir las ventas, los resultados se verán comprometidos. Si el nivel del idioma que necesita es avanzado y el candidato tiene un nivel bajo, la brecha para desarrollarlo puede requerir de años de estudio, por lo que se verá afectado todo el tiempo con resultados deficientes.

EDUCACIÓN FORMAL. En el ramo de las ventas, la educación no suele ser un factor determinante. A veces, al contrario, ya que, si el candidato tiene un nivel de estudios que rebasa los estrictamente necesarios, se puede sentir frustrado y con ello dar malos resultados o moverse a su especialidad cuando consiga una oportunidad. Por otro lado, si el puesto lo requiere, es necesario especificarlo en la redacción del anuncio, ya que de esta forma servirá de filtro para todos aquellos que suponen que este no es requisito indispensable. Por ejemplo, hay áreas de ventas, de tipo consultivas, donde la educación profesional se hace necesaria y sin ella, será un obstáculo para su desempeño.

En la mayoría de los casos, los vendedores con carrera trunca funcionan bien para la mayoría de las ventas.

PERSONALIDAD. La personalidad es un factor muy importante que considerar para el perfil del puesto; sin embargo, no es necesario referirla en la publicación, ya que ésta es un elemento que debe ser revisado a través de exámenes psicométricos o con un estudio grafológico de la personalidad, para detectar si cuenta o no con una personalidad orientada a las ventas.

TECNOLOGÍA. Y ¿qué hay respecto a las habilidades para el manejo del Office o bien de un CRM? Si se necesita que los candidatos estén familiarizados con programas, aplicaciones o software, deberá ser especificado en la publicación, ya que, si no se hace, se tendrá que esperar a que el vendedor se familiarice lo suficiente para aplicar el uso de estas tecnologías en la rutina de trabajo, y se deberá considerar la inversión de tiempo para la capacitación correspondiente.

EL SUELDO Y LAS COMISIONES. En la mayoría de los casos es muy importante publicar el sueldo y las comisiones, sobre todo en la descripción del perfil del puesto. Esto es un factor que ayuda a descartar aquellos prospectos que no cumplen con sus expectativas.

Un sueldo base alto puede atraer una gran cantidad de prospectos, pero una buena parte de ellos no serán los mejores vendedores, ya que lo que caracteriza al vendedor es el incentivo de las comisiones. Los vendedores **garbanzo de a libra** son muy valorados y las empresas no los dejarán ir, por lo que es difícil de atraerlos para su empresa. En ese caso, es importante ser flexible en cuanto a las condiciones salariales y las prestaciones que ofrezca, ya que de otra manera será poco probable que logre atraerlos.

PRESTACIONES. Por supuesto que debe publicar todas las prestaciones, ya que éstas constituyen los mejores argumentos para los prospectos. Los vendedores toman en cuenta las comisiones, el sueldo base, la empresa y el producto o servicio que venderán, en ese orden, para tomar la decisión de postularse para el puesto.

A continuación, presento algunas preguntas que se deben hacer para establecer los requerimientos del puesto, con sus respectivas respuestas:

- **¿Es conveniente poner la razón social de la empresa en la redacción del anuncio?** En la medida de lo posible, la respuesta es **sí**. En las plataformas para la publicación del empleo no se permite poner la dirección URL de la empresa; sin embargo, puede ser suficiente con poner la razón social en la redacción, ya que esto es suficiente para que los prospectos localicen la página web de la empresa. En algunos casos puede no ser inconveniente dar la información de su empresa para no enterar al personal que sospeche que puede querer ser sustituido. Cada caso deberá de ser revisado de manera específica.

- **¿Qué tan específica deberá ser la descripción de las responsabilidades del puesto?** Este aspecto deberá tratarse preferentemente en la entrevista y no es un factor indispensable de publicar, a menos que la conveniencia sea por su importancia en la experiencia requerida para realizar efectivamente la actividad de ventas.
- **¿Conviene hacer una descripción del puesto que descarte a los candidatos o es mejor atraer a muchos y que en los siguientes pasos del proceso sean filtrados?** El número de vendedores que apliquen para un puesto de ventas suele ser bajo, a menos que las condiciones sean muy atractivas, por lo que es mejor que se busque atraer al mayor número de prospectos dentro de un embudo razonablemente amplio y hacer la selección más cerrada en el proceso que le sigue.

RESUMEN

- Es conveniente especificar el área de experiencia y el tiempo en ella.
- Entre más específicos sean los requerimientos, más fácil será descartar a aquellos que no cumplen con el perfil del puesto; sin embargo, puede ser conveniente hacer una oferta atractiva para contar con más prospectos y filtrarlo en las siguientes etapas del proceso.
- Para el trabajo a distancia se requiere especificar si maneja los programas como Office o equivalentes, las plataformas de conferencia en línea y los CRM's.
- Defina específicamente el nivel del idioma que requiere que domine el vendedor para el puesto y haga una revisión en la entrevista.
- Es importante publicar las prestaciones que ofrezca la empresa, incluyendo si hay apoyo para gastos de mantenimiento de vehículo, combustible, gastos de representación o si se proporciona el equipo de trabajo, vestimenta, etc.

EN EL SIGUIENTE CAPÍTULO

El currículum es un documento que lleva información útil de analizar, pero debe prepararse porque hay que separar lo faltante, lo falso, lo exagerado y las verdades a medias. En él pueden escribirse mentiras y exageraciones, muchas veces, porque el candidato busca verse mejor de lo que realmente es.

Capítulo 11
LA REVISIÓN DEL CURRÍCULUM

Una verdad básica de la condición humana es que todo el mundo miente, lo único que varía es acerca de lo que mienten

Dr. House

TODOS MIENTEN

El currículum del prospecto es un documento que contiene información útil de analizar, pero puede contener verdades a medias, imprecisiones, falsedades y exageraciones derivadas del objetivo del postulante de llamar la atención de las empresas.

En una ocasión tuve el contacto con un candidato a ocupar un puesto de Gerente Comercial para una empresa importante. El currículo me pareció acorde con lo que estaba yo buscando, el candidato había trabajado en compañías importantes relacionadas en puestos similares a lo que el cliente me solicitaba, los períodos en esos trabajos mostraban lógica y la estabilidad laboral, era lo que uno busca en cualquier aspirante. Parecía encajar perfectamente en lo que mi cliente necesitaba; sin embargo, al revisar sus antecedentes laborales, descubrí que, aunque efectivamente había trabajado para las compañías que mencionaba en su currículum, había sido dado de baja después de un corto tiempo.

La falta de competencias necesarias para el puesto hacía que fuera dado de baja en el período de prueba. Los hechos se imponían a la hora de desempeñarse en el puesto, ya que carecía de la experiencia necesaria y de los conocimientos suficientes para realizar bien sus funciones. El objetivo que tenía era pasar los controles de los reclutadores usando un currículum que ajustaba mañosamente para engañar a sus reclutadores, además que era un defraudador, ya que lograba en muchos casos su liquidación de parte de las empresas, que era su verdadero objetivo, repitiéndose el ciclo una y otra vez.

Para evitar ser defraudados con un currículum que no se ajusta a la realidad, se requiere de la revisión de los siguientes detalles, que nos permitirá generar un filtro que solo deje pasar a los candidatos viables para ocupar el puesto de ventas que estamos buscando:

DETALLES POR REVISAR:

La presentación del Currículo. Un currículum donde se dificulta encontrar la información que buscamos refleja lo confuso que está la mente del candidato, además que no está tomando en cuenta a su interlocutor, que es nada menos que el que está interesado en su posible contratación. Este es un signo de que probablemente no se trata de un buen vendedor, ya que su actividad tiene que ver con entender y comunicar bien con sus clientes.

Puede ser que el currículum esté bien presentado con una información clara y en el lugar esperado en el documento, pero eso no necesariamente reflejará que el postulante sea ordenado, ya que en muchas ocasiones podría, simplemente, haber recibido la asesoría de un especialista para que el currículum refleje la mejor impresión para las empresas, y esto puede ocurrir con las plataformas del empleo, que apoyan a los candidatos con una información estandarizada que posteriormente podrán descargarla para presentarlo como su propio currículo.

La fotografía. La revisión de la fotografía nos dice si la persona se siente aceptada y segura de sí misma, al contrario de cuando no la incluyen, que puede indicar que no les gusta que los vean en su fotografía. Esto es importante para un vendedor, ya que, si no tiene una buena autoimagen, le será difícil impactar positivamente con los productos o servicios que ofrece a sus clientes.

Observe cuidadosamente la fotografía del candidato y pregúntese si el rostro refleja a una persona optimista, agradable y energética, ya que la presentación del vendedor o vendedora constituye un factor de la mayor importancia para que se le abran las puertas de sus clientes.

Los antecedentes laborales. La información laboral es probablemente lo más importante de revisar, ya que nos da valiosa información del desarrollo de la experiencia y de posibles problemas del candidato en cuanto a su permanencia en las empresas.

La Continuidad. Revise las fechas para saber si sus trabajos llevan continuidad y que no haya espacios de tiempo sin reportar en los trabajos desempeñados, para preguntarlo en la entrevista posterior y saber así lo que hizo durante esos períodos. Cuando hay interrupciones, es probablemente un signo de inestabilidad laboral; hay que considerar si vale la pena seguir el proceso o prefiere confirmarlo en la entrevista, eso depende de otros datos que encuentre interesantes y valiosos de su currículum; sin embargo, su descarte en esas condiciones debería ser lo más aconsejable.

La Duración en los Trabajos. Revise en el currículum las empresas donde haya trabajado, su duración en ellas, los empleos donde haya permanecido por más tiempo, así como aquellos en donde haya estado menos tiempo. Todo ello le dirá algo del tipo de empresas donde prefiere trabajar, el ambiente de trabajo que más le agrada o sus preferencias, para comentarlo con más detalle en la entrevista.

Otra información relevante es la de revisar cuando en un empleo solo haya laborado por tres meses o menos, ya que ese es normalmente el plazo de prueba al candidato antes de su contrato definitivo, esto puede demostrar que hubo problemas o faltaron resultados en su desempeño y fue dado de baja. Habrá que investigar con mucho cuidado los motivos por los que el candidato fue dado de baja en el plazo de los 3 meses o menos, antes de arriesgarse a darle una oportunidad en su empresa.

El tipo de Empresas. También es importante que revise la naturaleza de los trabajos. Busque la lógica en el tipo de actividad realizada, ya que cuando pasa de un tipo de actividad a otro sin una conexión, podemos interpretar que tal vez no le gustan y muestra cierto descontrol en sus decisiones.

Los mejores candidatos son aquellos que mantienen un solo giro o actividades similares, ya que su experiencia se irá incrementando con cada nueva empresa del mismo tipo donde labore, siempre y cuando la duración entre una compañía y otra sea por períodos de al menos 2 años.

La Educación. La educación de los vendedores puede ser importante porque es algo que forma la personalidad, no es lo mismo un vendedor que opta por las ventas a pesar de haber terminado su licenciatura que el que tiene estudios truncos y reconoce que no encontraría el trabajo que más le gusta o aspira, de acuerdo con su vocación.

En la mayoría de los casos, el nivel de estudios que requiere para las ventas son los de educación superior, que se consideran a partir de la preparatoria o bien de una carrera trunca, con excepción de las ventas consultivas, donde se suele requerir de una preparación profesional e inclusive en algunos casos de estudios superiores, como la maestría, dependiendo de la complejidad de los productos o servicios que ofrezca.

Los Idiomas. Otro dato importante de revisar en el currículum se presenta cuando el trabajo requiere que el candidato domine otro idioma, como por ejemplo el inglés, ya que su falta o su insuficiente dominio de éste, no se resuelve en el corto ni el mediano plazo, sino que suele llevar años de estudio.

Los Programas de Cómputo. Si se necesita que se domine tal o cual software, y no hay información al respecto en su currículum, deberá preguntarse antes de descartar su postulación, ya que algunas veces los candidatos no tienen el cuidado de hacer la actualización de su currículum cuando se postulan a un puesto.

Las Aficiones y los Deportes. Revise los deportes, aficiones o cualquier actividad en la que haya destacado. ¿Le gusta el futbol americano o el futbol soccer?, esto da temas de conversación para los clientes. Muchas veces los vendedores no son muy adeptos a la lectura, pero si lo fueran, tendrían muchos temas para enganchar a los clientes.

RESUMEN

- Todos mienten y el currículum es una mezcla de mentiras, exageraciones y verdades a medias que deben ser revisadas con un análisis crítico.
- El currículum es un documento que lleva información útil de analizar, pero debe considerar que hay que revisar lo faltante, lo falso, lo exagerado y las verdades a medias.
- La presentación del currículum habla sobre la personalidad del postulante.
- El período de duración en los empleos anteriores dice mucho de la estabilidad del vendedor, que puede reflejar despidos y potenciales conductas conflictivas que hay que revisar.
- El tipo de trabajo nos dice qué tanta es la distancia entre la experiencia adquirida y la que le faltaría para cubrir el perfil del puesto.
- Hay factores determinantes, como el dominio de los idiomas y del software, para decidir la aceptación o el descarte inmediato de los candidatos.
- El currículum nos permite adelantar en un 50% la aceptación o rechazo del

candidato.

EN EL SIGUIENTE CAPÍTULO

En el siguiente capítulo vamos a analizar con más detalle la experiencia del vendedor, de acuerdo con el tipo de empresas donde la generó.

Capítulo 12
LAS VENTAS DE MARCAS RECONOCIDAS POR EL MERCADO

Cuando una empresa ha hecho crecer su marca en la mente del consumidor, las ventas se facilitan

René Fajer

¿QUIÉN VENDE? ¿LA MARCA O EL VENDEDOR?

Las marcas de prestigio basan su estrategia de ventas en invertir en publicidad muchos millones de dólares hasta que la marca ha quedado en la mente de sus consumidores. Las marcas de prestigio como: Colgate, IBM, Procter & Gamble, ITT no requieren de representantes que necesitan hacer prospección de sus clientes, los encargados del marketing ya lo hicieron para posicionar sus marcas. Un vendedor que ha adquirido experiencia en vender productos o servicios de marca reconocida por el mercado encontrará mayor dificultad para comercializar los productos o servicios que no lo son.

En muchas ocasiones se valora al vendedor de una marca reconocida como un buen vendedor y podría serlo, solo que debemos valorar en ellos sus características de manera diferente y no por la experiencia adquirida y los volúmenes de venta conseguidos en la venta de estos productos reconocidos en el mercado.

LAS DIFICULTADES A LAS QUE SE ENFRENTAN LOS VENDEDORES DE MARCAS RECONOCIDAS

Cuando el vendedor con antecedentes de haber trabajado en la venta de productos de marca reconocida llega a trabajar en una compañía sin reconocimiento, se encuentra con dificultades para conseguir los resultados a los que se había acostumbrado con la promoción del producto o servicio que hace la empresa con marca, y el esfuerzo que tiene que hacer es mayor para obtener los mismos resultados, por tanto habrá que tomar en cuenta la curva de aprendizaje necesaria para alcanzar las metas esperadas. Mientras tanto, tendrá que sufrir de algunas frustraciones y la posible baja en las ventas y, por consecuencia, en las comisiones a las que estaba acostumbrado. Se trata de un problema a resolver tanto para el vendedor como para la empresa que lo contrata.

En cierta ocasión, viví el caso de un vendedor que había trabajado en una compañía de marca reconocida y que tenía buenos resultados en esos negocios. El candidato fue aceptado de inmediato por la empresa que me lo había solicitado. Sin embargo, al paso del tiempo este vendedor se topó con la falta de experiencia en la prospección y con resultados que no iban de acuerdo con las expectativas que habían originado su contratación, por lo que la empresa se desencantó pronto de él, finalmente perdieron la paciencia y decidieron no renovarle su contrato. Estoy seguro de que se trataba de un buen vendedor que podría haber dado los resultados que se esperaban de él, pero no tuvieron la paciencia necesaria para que se ajustara a las nuevas condiciones para el desarrollo de las competencias que le hacían falta.

EL CASO DEL VENDEDOR QUE ERA REPARTIDOR DE REFRESCOS DE MARCA RECONOCIDA

Por otro lado, viene a mi memoria el caso de un repartidor de refrescos de Coca Cola que vendía el producto en las tiendas de abarrotes. Se trataba de un vendedor esforzado, con buenos resultados en sus ventas, aunque, tratándose de un producto de marca con altísimo reconocimiento en su mercado, hacía que el proceso de venta se limitara principalmente a surtir las cantidades de producto que el comprador del establecimiento le solicitaba. Como hemos dicho antes, realmente requería de contar con muy pocas competencias como vendedor, ya que prácticamente no había la necesidad de convencer a sus clientes, pues eran clientes cautivos, esto le cerraba las puertas para la venta de cualquier otro tipo de productos para otras empresas; sin embargo, este vendedor era entusiasta, trabajador y simpático. En la empresa que teníamos en aquél entonces, dedicada a la fabricación y venta de equipos de oficina, lo aceptamos en nuestro equipo de ventas y con la supervisión de su gerente de ventas, aprovechando sus características de personalidad, se convirtió en el mejor agente de ventas de la empresa, verdaderamente fue nuestro **Garbanzo de a Libra,** ya que vendía más del 70% de las ventas de la compañía él solo.

LO QUE INFLUYE LA PERSONALIDAD DEL VENDEDOR

La experiencia me dice que no hay que desechar a priori esta clase de vendedores con experiencia, que parecen insuficientes, ya que, al contar con la personalidad adecuada para las ventas, pueden desarrollarse bien en la comercialización de otros productos o servicios. Esta experiencia me quedó grabada y la aplico a los candidatos que, aunque no son completos en su experiencia de ventas, cuentan con la personalidad justa para ser efectivos y podría tratarse de agentes que se podrían convertir en el

Garbanzo de a Libra que tanto necesitan y buscamos para las empresas.

EL REMEDIO PARA ACOPLAR A LOS VENDEDORES DE MARCAS RECONOCIDAS A LAS EMPRESAS QUE NO LO SON

Para la empresa que no tiene una marca reconocida, se hace indispensable dar entrenamiento en técnicas de venta y del producto a todos sus agentes, además de una mentoría a través de aquellos que cuenten con más experiencia, ya que, si tienen una personalidad acorde para las ventas, es solo cuestión de darle el tiempo suficiente para que adquieran las competencias que les hacen falta. Pero ojo, si el candidato no tiene la personalidad que corresponde para las ventas, ni el mejor entrenamiento podrá conseguir que dé resultados.

Para la detección del perfil de ventas se sugiere hacer estudios sicométricos de personalidad y apostarle a los recién ingresados. Dándoles el tiempo necesario, sin duda podrían obtener buenos resultados.

El factor económico puede afectar el proceso para que un agente logre alcanzar las metas de dinero que se le exigen. La presión económica para conseguir la comisión puede llegar a frustrar al vendedor y a la empresa. Habría que plantearse un esquema de apoyos económicos a cuenta de sus comisiones futuras para apoyarlo en su proceso de desarrollo con una inversión por parte de la empresa, que puede ser recuperada cuando el novato rinda sus frutos.

RESUMEN

- Hay que hacer la distinción entre los requerimientos de ventas para aquellos productos de marca y los que no la tienen, hay una gran diferencia entre ambos para la evaluación de la experiencia del vendedor.
- La venta de productos o servicios de una marca reconocida requiere de vendedores con menos cualidades, que aquellas que comercializan productos sin ella.

- Una marca de prestigio y bien posicionada en el mercado facilita hasta en un 80% el proceso para la venta.
- Si el vendedor tiene solo la experiencia en manejar productos o servicios que llevan una marca reconocida, es muy probable que le falten competencias para vender un producto que no tiene reconocimiento de marca. En esos casos, lo menos que puede suceder es que se alargue el tiempo para dar resultados.
- Existen excepciones en algunos vendedores de productos sin marca, en caso de que cuenten con una personalidad que cumpla con el perfil para las ventas, ya que puede resultar ser los Garbanzos de a Libra que esperan las empresas, si reciben el debido entrenamiento y la supervisión.

EN EL SIGUIENTE CAPÍTULO

En el siguiente capítulo vamos a revisar el proceso de selección cara a cara con el candidato, a través de la entrevista.

Capítulo 13
LA ENTREVISTA

¿Cuáles son tus fortalezas? ¡Persistencia! **Gracias, te llamaremos luego.**

Mejor espero aquí.

Diálogo ocurrido en una entrevista

La entrevista con los candidatos tiene el objetivo de ampliar a detalle lo que está contenido en el currículo, aclarar dudas y averiguar la mayor cantidad de información necesaria del candidato para confirmar si este cubre el perfil del puesto.

Para revisar sistemáticamente en la entrevista a los candidatos, se sugiere considerar los siguientes datos:

LUGAR DE RESIDENCIA. Es importante haber revisado con antelación el lugar donde vive el candidato para saber el tiempo que le llevará el desplazamiento hacia la empresa. En la entrevista se puede averiguar algunos detalles del trayecto, el tiempo que le lleva llegar a la oficina y su medio de transporte. Hay que averiguar que cuente con todo lo necesario para transportarse diariamente a su trabajo.

DATOS FAMILIARES. Conviene preguntar sobre la situación familiar para saber su estabilidad emocional y sus necesidades económicas derivadas.

Averigüe quiénes son sus dependientes económicos, si su cónyuge o alguno de sus hijos trabaja y aporta a la economía del hogar. Pregunte si la casa en la que habita es propia o es de renta. Pregunte si tiene deudas y si está pagando su casa o el monto de la renta. Estos son factores que le permiten saber sobre las finanzas del candidato para saber si va a soportar el período de ajuste inicial, que puede alcanzar hasta los 6 meses, y que muchas veces los candidatos no toman en cuenta. A veces el candidato cuenta con la liquidación de su último empleo por lo que, aunque es bueno para apoyarlo con sus reservas económicas, también surge la pregunta sobre si fue despedido.

La curva de aprendizaje, que es donde el sueldo del vendedor queda comprometido, es por lo que se requiere saber si cuenta con reservas para soportar ese periodo, de otra manera la presión económica lo podría obligar a buscar otra fuente de ingresos y eso afectaría la concentración en los objetivos de venta de su empresa.

PREPARACIÓN ACADÉMICA. Normalmente un vendedor requiere que cuente con estudios de preparatoria terminada o estudios profesionales truncos. Este dato debería de haber sido revisado antes de la entrevista personal, pero de cualquier manera habrá que corroborar algunos detalles, como saber que le motivó a dejar sus estudios o las materias que más le interesaban; todo esto nos ayuda a conocer sus gustos, aficiones y nos permite prever que cuenta con la disciplina necesaria para cubrir el puesto.

A veces el candidato cuenta con estudios superiores y hasta una maestría, por lo que no se explica porque está solicitando el puesto de ventas. Es importante averiguar si sus intenciones son verdaderas, ya que a veces puede estar aprovechando la vacante de su empresa como trampolín mientras consigue el empleo verdadero que está buscando, de acuerdo con el nivel de estudios que tiene. Los estudios de maestría sólo se requieren cuando se trata de venta consultiva, es decir, la que necesita de ese nivel de conocimiento para desempeñar su trabajo.

AUTO. La necesidad de contar con automóvil es casi la regla en cualquier puesto de ventas, debido a que en esta actividad se requiere trasladarse al lugar donde se encuentre el cliente.

Si cuenta con vehículo, hay que hacer las preguntas pertinentes para saber el tipo de automóvil, el año de fabricación y si está dispuesto a utilizarlo para su trabajo o lo comparte con algún miembro de la familia. Hay que averiguar también sobre los vehículos que podrían estar parados por las restricciones de circulación que se tienen en algunos lugares. Lo ideal sería que el vendedor cuente con dos automóviles; uno para su uso exclusivo del trabajo y el otro para el resto de la familia, ya que, si lo comparte con ellos, será un inconveniente para su desempeño diario.

ANTECEDENTES LABORALES. Las empresas donde el candidato haya laborado se revisan de la más reciente a la más antigua. Pregunte sobre todo el motivo de su salida y asegúrese que se trata de una razón válida y que no esconda información de los problemas que pudo haber tenido con las empresas y sus respectivos jefes.

No tenga miedo de preguntar todos los detalles de lo que haya sucedido en las empresas donde trabajó, ya que éstas constituyen las pistas para saber cómo se desempeñará en la suya y qué posibles problemas puede ocasionarle.

Al escuchar la respuesta del motivo de salida en cada una de las empresas donde ha trabajado, es el mejor momento de pedirle el teléfono y/o el número de celular de su último jefe. No se conforme con las referencias escritas, ya que en muchas ocasiones son dadas sólo para evitar los problemas de una salida por despido y evitar así las posibilidades de una demanda.

EFECTIVIDAD EN LAS VENTAS. Haga las preguntas necesarias al candidato, sobre los resultados alcanzados en las ventas, la cartera de clientes, el monto de los bonos recibidos y su promedio de comisiones del último año. Es necesario cuestionar también sobre el mayor logro en las ventas, así como la manera en que lo consiguió y saberlo con todo detalle. Haga estas preguntas para cada empresa donde haya laborado, ya que esta es la mejor manera de medir la efectividad del candidato.

PERMANENCIA EN LOS TRABAJOS. La escasa duración de un vendedor en una empresa es un signo probable de la falta de efectividad en las ventas. De cualquier forma, pregunte para saber en concreto qué fue lo que pasó en cada caso.

ANTECEDENTES SALARIALES EN SUS TRABAJOS. Pregunte cuál fue el sueldo, las comisiones, los bonos y las prestaciones que recibía de cada una de las empresas donde hubiera trabajado. No tenga reticencia de preguntar, ya que de otra manera se va a perder de una información muy útil para conocer la efectividad del candidato.

CARTERA DE CLIENTES. Pregunte al candidato: ¿cuál fue su mejor cuenta?, ¿qué monto de ventas logró?, ¿cómo la consiguió?, ¿por qué fue su mejor cliente? ¿Abridor o solo administrador de sus cuentas? Pregúntele cómo hace la prospección en su mercado. Dependiendo de su respuesta, podemos averiguar si se trata de un abridor de cuentas o solo se dedicaba a mantener las cuentas. Esto es importante para usted empresario, ya que, si se trata de un abridor de cuentas, le será más fácil el crecimiento constante de su mercado.

EL SERVICIO. Pregunte: ¿cuál fue el principal problema que tuvo con los clientes a lo largo de su carrera profesional y como lo resolvió?, esto le dará la pista de sus competencias blandas, como son las de comunicación, manejo emocional, resiliencia, etc. De sus respuestas podrá saber la capacidad de servicio del candidato, que es una de las mejores armas para conservar a los clientes.

EL SISTEMA DE VENTAS. Pregúntele si ha sido capacitado en algún sistema de ventas, ¿en qué consiste tal sistema? Esto le ayudará a saber si el vendedor es todo un profesional de las ventas o si las hace como un simple aficionado, lo cual limitará su capacidad de mantener sus logros sistemáticamente.

LOS OTROS EMPLEOS DESPUÉS DEL MAS RECIENTE. Vaya a su segundo empleo en orden cronológico, averigüe como era el producto o servicio que vendía, cuáles eran sus mayores retos para vender esos productos, revise la consistencia lógica de los productos o servicios a lo largo de las empresas donde haya trabajado, ya que la falta de consistencia afecta la acumulación y valor de su experiencia. Revise si sus antecedentes están relacionados con productos de una marca reconocida.

PREGUNTAS COMPLEMENTARIAS

1. **¿Qué sabe de nuestra compañía?**

    R. 1-Seré sincero con usted. Todo el mundo dice que esta empresa está repleta de problemas, así que usted me necesita. Por eso vine.

    R. 2. –Me he enterado sobre su empresa y conozco los productos que fabrican, así como el prestigio que tienen. Los productos tienen una buena aceptación en el mercado y sé que la calidad de estos es indiscutible.

    ¿Cuál de estas dos respuestas cree que le gustaría recibir del candidato?

2. **¿Por qué desea trabajar con nosotros?**

    R- Porque me gusta la gente.

    ¿Y qué otra cosa podría gustarle? ¿Los animales? ¿los escritorios?

    -Una buena respuesta sería:

R-Como se lo dije anteriormente, estoy enterado de lo que ustedes fabrican y la manera en que los hacen y sé que con mis habilidades, experiencia y conocimientos, puedo contribuir con la empresa de una manera rápida y eficaz.

3. **¿Por qué debo darle el empleo?**

   Una buena respuesta es que enumere cómo se muestra su habilidad, que hable de sus logros, de su capacidad, de cómo le gusta enfrentarse a los retos de su trabajo, lo ordenado y responsable que ha sido, de cómo le gusta responder y resolver problemas, de su excelente forma de llevarse con sus superiores y su buena disposición para aprender y ayudar a los demás.

4. **¿Qué busca usted en un empleo?**

   R-Estabilidad, seguridad, buenas perspectivas de desarrollo, un salario digno que cumpla con mis necesidades y, sobre todo, que se me reconozcan en lo que soy capaz de hacer.

   Hablar de estabilidad es un error ya que esto no se puede garantizar en esta época de tanta inestabilidad.

5. **De acuerdo con su currículum, usted está excedido para este puesto. Tiene demasiada experiencia para un puesto tan bajo. El empleo le queda chico. ¿Por qué contestó este aviso?**

   R-Sé que las oportunidades se presentarán por que la empresa es muy progresista, y ustedes también se verán beneficiados de mi experiencia y estudios al contratar a una persona como yo, sobrecalificado para el puesto.

   Esta es una buena y esperada respuesta.

6. **Si usted fuera el responsable de contratar un elemento para el puesto ¿cuál sería el criterio para elegir a la persona ideal?**

   R-Bien, en mi caso lo que deseo es que tenga capacidad para avanzar en la empresa. Esta es una respuesta perfecta pero incompleta. Pero ¿qué falta?

-Pediría iniciativa

-Adaptabilidad.

-Buena disposición

-Pero, sobre todo, pediría ambición

7. **¿Qué opinión tiene de su último jefe?**

Su respuesta le dará información de qué tan conflictivo es en el trabajo.

RESUMEN

- Del comportamiento en el pasado del candidato se puede predecir su comportamiento futuro.
- Pregunte al candidato sobre:
  - Sus datos generales
  - Sus estudios
  - Su situación familiar
  - Revisión de sus trabajos, empezando con el más reciente, solicitar sus referencias al momento de la entrevista, preguntar sobre el monto de lo vendido
  - Su mayor logro en ventas, cuánto y cómo lo hizo
- Pregunte al candidato, sin temor, cuánto era su sueldo base, comisiones y bonos, cuál fue el bono más alto recibido. Pregunte quién fue su mejor cliente y cómo lo consiguió
- Analice el sentido del servicio preguntando: ¿cuál fue el problema principal al que se ha enfrentado y cómo lo resolvió?

EN EL SIGUIENTE CAPÍTULO

Todo lo que consiguió de información del prospecto en la entrevista, debe ser corroborado cuidadosamente, a través de la revisión de sus antecedentes laborales, con los jefes que más directamente estaban involucrados con el candidato.

Capítulo 14
LOS ANTECEDENTES LABORALES

Del comportamiento pasado del candidato se puede predecir su comportamiento futuro

La revisión de los antecedentes laborales es de primordial importancia para prever el comportamiento futuro del prospecto. Esta investigación deberá hacerse en la última etapa del proceso de selección y por ningún motivo debe omitirse.

LAS HUELLAS DE SU PASADO

Las personas en general dejan huella en sus anteriores trabajos. Si alguien ha defraudado a la empresa donde estuvo trabajando, dejará ese mal precedente, que luego se podrá corroborar con una llamada al jefe directo. En muchas ocasiones los defraudadores son consuetudinarios y lo hacen en cada empresa donde trabajan. La negligencia de muchas compañías de saltarse este paso esencial hace que algunos candidatos se sientan en confianza de hacer un currículum falso o arreglado, de tal manera que parezca que tuvieron una carrera profesional con una buena trayectoria, cuando en la realidad no es así y bastaría con una llamada a sus empleadores para descubrirlos, pero esta debería de hacerse con sus jefes, aunque cueste trabajo encontrarlos, ya que normalmente no se sienten motivados para dar malas referencias.

En muchas empresas -si no es que en la mayoría- dejan pasar de largo la revisión de los antecedentes laborales de los candidatos y luego se llevan la sorpresa al sufrir con el comportamiento de sus ahora empleados. Si hicieran el seguimiento preguntando en las anteriores compañías donde trabajaron, se darían cuenta que se comportaron de la misma forma en que se comportan ahora con la suya y eso es lamentable, ya que podrían evitarlo con unas cuantas llamadas telefónicas solicitando las referencias del candidato.

El encargado del departamento de Recursos Humanos debería estar enterado de todas las anomalías de los empleados, pero no es suficiente con averiguar los motivos de la salida; se requiere de información precisa del comportamiento, que es una información que normalmente no registran más que los que trabajaron con ellos en el día a día y esto es preciso recabarlo con los que fueron sus jefes directos, que normalmente tienen y están dispuestos a dar esa información.

Tuve el caso de una persona que hacía selección de personal en la Policía Preventiva de la CDMX hace ya algunos años, me comentó que ella pensaba que era capaz de detectar muy bien a los malos elementos como la gente violenta y deshonesta con las herramientas de selección que incluían las pruebas grafológicas, de las que ella tenía una muy buena opinión; sin embargo, había tenido un caso con un elemento que se le había colado y que resultó ser alguien muy agresivo, realmente se trataba de un criminal y no había sido capaz de detectarlo con ninguna de las pruebas que utilizaba, ni siquiera con la aplicación del polígrafo, así que se sentía desconcertada de que no hubiera contado con todas las herramientas para bloquear a esta persona y eso la tenía inquieta y temerosa de que le pudiera volver a ocurrir. Le pregunté si había revisado los antecedentes laborales de esta persona y me dijo que no, porque realmente no estaba en los protocolos de la selección del personal en esa institución, a lo que le dije que a eso se debía el error de filtrado de ese elemento.

Ninguna prueba puede detectar a los psicópatas, porque tienen la mayoría de las veces una personalidad doble, en una de ellas se comportan con una de ellas como cualquier buen vecino, hasta que viene el cambio de personalidad que los hace actuar con la parte agresiva. Esta persona pudo haber sido bloqueada <u>siguiendo las huellas de sus anteriores trabajos,</u> en los que con toda seguridad habría aparecido su personalidad agresiva tarde o temprano. Nunca, nunca, debe prescindir de esta investigación, se lo digo por experiencia, puede tener las mejores herramientas para detectar la personalidad, pero ninguna es 100 % eficaz para detectar todas las conductas, especialmente la de los psicópatas.

La última acción que debe hacerse antes de decidir por el candidato es la revisión de los antecedentes laborales, tanto para detectar a las personas deshonestas, como para la gente problemática, que sería un dolor de cabeza para la organización, ya que el trabajo de equipo es primordial en la empresa y también para evitar a los criminales psicópatas. No permita que ninguno de ellos entre en su empresa, siga las huellas que dejan en las empresas donde trabajaron y tómese la molestia de saberlo con tan solo hacer una llamada a sus anteriores jefes.

LAS PREGUNTAS QUE CONVIENE HACER A LOS JEFES DONDE TRABAJARON SUS CANDIDATOS, SON FUNDAMENTALMENTE LAS SIGUIENTES:

- **EL COMPORTAMIENTO.** Pregunte cómo fue la conducta que tuvieron hacia sus jefes y compañeros de trabajo, ya que esto nos dice

mucho de cómo se relaciona con las personas.
- **SI COBRÓ FACTURAS EN FORMA INDEBIDA.** Si ha dejado pendientes o cobrado facturas de las empresas.
- **SUSTRACCIÓN DE INFORMACIÓN.** Si ha sustraído indebidamente información confidencial de la empresa.
- **EL USO DEL AUTOMÓVIL O EQUIPO SUMINISTRADO POR LA EMPRESA.**
  Si tenía un vehículo proporcionado por la empresa y en qué condiciones lo dejó, si le daba un buen uso, si tuvo algún accidente, etc.
- **DEMANDAS DE PARTE DEL VENDEDOR.** Pregunte si la empresa recibió alguna demanda injusta o impropia de parte del prospecto. Todo esto nos permitirá saber cómo fue su comportamiento en la empresa, lo cual es probable que se seguirá comportando así en el futuro.

EL MOTIVO DE LA SALIDA. Esta es una pregunta delicada que deberá hacer primero al candidato y luego corroborarse con su anterior jefe, para ver si coincide con la realidad o hubo algo más. Tenga en cuenta que ningún candidato dirá plenamente la verdad si hubo algún problema con su salida así que le aconsejo que escarbe lo más que pueda al hablar con su anterior jefe, además de la persona encargada del departamento de Recursos Humanos.

RESUMEN

- Del comportamiento en el pasado del candidato se puede predecir su comportamiento futuro.
- Los antecedentes laborales darán una información más precisa sobre la conducta de los candidatos que todas las pruebas psicométricas que pueda haberle hecho al candidato.
- La evaluación debe hacerse con su jefe directo, además de la persona encargada del departamento de Recursos Humanos.
- Lo que tiene que revisar en la evaluación de antecedentes laborales es

principalmente preguntar por el motivo de la salida, si no ha dejado pendientes o cobrado facturas de las empresas o si ha sustraído información sin autorización de la compañía y cómo ha sido su conducta hacia sus jefes, clientes y compañeros de trabajo.
- Si se corroboran los datos contenidos en el currículum del prospecto, podemos dar el paso que sigue para concluir el proceso de evaluación del candidato.

EN EL SIGUIENTE CAPÍTULO

Hay algo muy importante, sobre todo en aquellos vendedores que no cuentan con la suficiente experiencia y es valorar su potencial a través de pruebas psicométricas que veremos en el siguiente capítulo.

Capítulo 15
¿EL VENDEDOR NACE O SE HACE?

El talento es algo con lo que se nace; es la habilidad natural para hacer algo sin realmente pensar acerca lo que se está haciendo.

La gente nace con talento para los deportes o cualquier otra actividad cultural, como la danza, el canto, las habilidades matemáticas, y también para las ventas.

Aquellos que no tienen el talento para una determinada actividad no están impedidos para aprenderlo aplicando su fuerza de voluntad. Todos podemos aprender de cualquier campo de actividad, pero la diferencia es la rentabilidad del esfuerzo; es decir, **¿cuánto esfuerzo necesitas invertir para dominar las matemáticas, comparado con aquél que tiene las dotes para hacerlo?** Definitivamente mucho, mucho más que si te dedicaras a desarrollar el talento con el que naciste en lugar de desarrollar aquello que te cuesta más trabajo para conseguir su dominio. Con la práctica se puede alcanzar cierto grado de habilidad y esto tiene que ver con la plasticidad del ser humano, de sus facultades mentales y físicas. Todos podemos desarrollar habilidades, aún aquellas que son débiles en nosotros, ya que no hemos nacido para ello. ¿Te gusta el canto, pero no sabes cantar?, bueno, toma unas clases de canto y manejarás mejor la voz y seguro que mejorará tu manera de cantar, pero, de eso a alcanzar el estrellato en el bel canto, es otra cosa muy distinta.

NACIDOS PARA VENDER

Los vendedores con talento natural tienen las facultades listas para desarrollarse, nacieron para vender, igual que la bailarina que desde pequeña tiene facilidad para mover grácilmente su cuerpo o el pianista para tocar una melodía con facilidad lo que para ellos parecería que lo conocen desde
que nacieron, o el matemático que le encanta el manejo con las cifras y desde pequeños se destacaron en el salón de clase por arriba del promedio de sus compañeros, fueron los primeros en aprender las tablas de multiplicar y se destacaron para el cálculo mental y en general para el pensamiento abstracto.

El talento natural para las ventas permite obtener resultados rápidos y efectivos en el desarrollo de las habilidades y competencias para conseguir una alta productividad, que es la de conseguir los resultados en relación con el esfuerzo invertido. Al vendedor nato le gustan las ventas, por supuesto, y las ha experimentado desde su más temprana edad. Desde pequeños se distinguieron vendiendo sándwiches entre sus compañeros de escuela y saben que para conseguir lo que quieren desde un balón para jugar, un equipo de sonido o lo que sea, necesitan vender algo. Desde pequeños se las arreglaron para vender limonada en un puesto improvisado afuera de sus casas para invitar a las personas que pasaban por ahí a aliviar la sed, a cambio de unas monedas y vaya que no necesitaron más que de su imaginación, para conseguir los recursos que necesitaban, ya que ellos son ambiciosos y les gusta conseguir lo que quieren con su propio esfuerzo, empezaron a hacerlo desde pequeños y no pararán de hacerlo a lo largo de su vida.

La gran diferencia es que aquellos que tienen el talento natural disfrutan desarrollándolo, porque el estímulo que reciben al usarlo hace que sea una práctica divertida que realizan casi sin esfuerzo, ya que tienen esas facilidades que otros no tienen. El chico al que le gusta jugar el futbol y que tiene facultades naturales para ese deporte, cuando juega le es muy estimulante saber que cada vez que hace la hazaña de meter un gol para su equipo, disfruta del premio que le dan sus compañeros cuando lo abrazan y lo felicitan por ese logro y como lo saben hacer bien y esto sucede cada vez con más frecuencia; el estímulo se va multiplicando generando un círculo virtuoso que hace que busquen esos resultados una y otra vez para que mejorando su juego día a día logran las habilidades que lo harán un mejor futbolista en su momento.

Para medir el talento y su desarrollo existen las pruebas psicométricas que darán la medida del talento para saber si tenemos un **Garbanzo de a Libra** o simplemente hay que buscar mejores candidatos.

RESUMEN

- Saber que el prospecto tiene la personalidad del auténtico vendedor ayudará a construir un buen equipo de ventas.

- El carácter del vendedor puede analizarse a través de las pruebas psicométricas.
- Una prueba psicométrica nos ayuda a obtener la información de la personalidad del vendedor para saber si cuenta con las competencias necesarias para la labor de ventas.
- Un estudio grafológico es un análisis objetivo que la mayoría de las pruebas psicométricas, ya que estas últimas van al consciente, lo que las hace fáciles de manipular.
- La valoración de la integridad es importante para evitar fraudes o el mal uso del tiempo.

EN EL SIGUIENTE CAPÍTULO

Después del análisis vienen la comprobación del pronóstico en los hechos del empleado en su período de prueba, lo que veremos en el siguiente capítulo.

Capítulo 16
EL PERIODO DE PRUEBA

Los resultados son lo más importante para evaluar al vendedor en su periodo de prueba

EL CONTRATO DE TRABAJO

El periodo de prueba para los vendedores debe evaluarse principalmente considerando los resultados en las ventas, la etapa de acoplamiento hacia la empresa y otros aspectos relacionados con la actitud hacia los clientes, compañeros y para la organización en su totalidad.

En el aspecto legal es necesario establecer un contrato formal de prueba para evitar demandas por incumplimiento de parte del vendedor que puede ser fuente de preocupación y oneroso para la empresa.

Durante el periodo de prueba usted podrá dar por terminado el contrato de trabajo en forma unilateral, justificando su decisión en la falta de capacidades del trabajador, para desempeñar las funciones encomendadas y, por lo tanto, no habría lugar a una indemnización.

El plazo que se haya pactado tiene que estar expresamente indicado en un contrato laboral por escrito. Si fuese en un contrato verbal, esta cuestión no podría validarse porque siempre sería la confrontación de la palabra del trabajador y la del empresario. Lo cierto es que esta cláusula es necesaria para poder dar ciertas garantías al primero porque, si es despedido, computarán los días que hubiese trabajado.

Si es el trabajador quien decide dejar ese trabajo durante el periodo de prueba, no tendrá derecho a prestación por desempleo, pero sí le computarán como cotizados los días que hubiera trabajado, sirviéndole esos días para un futuro cómputo en la contabilización de la prestación por desempleo de otro trabajo.

MEDICIÓN DE LA PRODUCTIVIDAD

Una vez resueltos los aspectos legales en el contrato de prueba, lo más importante para la empresa es que el vendedor a prueba consiga la productividad esperada lo más rápido posible, en beneficio de ambas partes. Es recomendable dar acompañamiento, durante este período, para resolver las dudas y darle el entrenamiento debido, por parte del gerente de ventas, principalmente.

Si el vendedor recibe una cartera de clientes al inicio, le ayudará a conseguir los resultados más rápidamente, comparado con la de aquel que la tiene que crear desde cero y eso puede requerir de un periodo de tiempo que puede ser largo o corto, dependiendo de los productos o servicios que se ofrezcan, así como el entorno económico del país.

La evaluación del vendedor podrá también utilizando los **KPI's (Indicadores de desempeño)** si es que la empresa cuenta con ellos y haya acordado con el vendedor desde la entrada a la empresa. Si la empresa no trabaja con indicadores, de cualquier forma habrá que evaluar el desempeño para efecto de dirigir al vendedor hacia metas claras en un periodo dado, ya que si no se le asignan sus objetivos económicos de ventas, se pierde la oportunidad de enfocarlo desde el principio para guiarse por ellos y eso independientemente de las comisiones que deberían ser el principal incentivo para hacer las ventas, y por tanto no está de más que sepa que la empresa exige una rentabilidad sobre la inversión que se hace por él.

APOYOS QUE REQUIERE

Los resultados esperados pueden ser difíciles de conseguir sin el apoyo de la empresa, además de una actitud proactiva del vendedor. Hay que considerar que, al inicio, el recién ingresado puede llegar con presiones económicas, ya que si no cuenta con los ahorros suficientes para el periodo de acoplamiento puede ser difícil para su economía y, peor aún, en el caso de las empresas donde el vendedor no cuente con un sueldo base y solo reciba ingresos por comisiones.

Es conveniente proporcionar el equipo necesario para que el vendedor haga su trabajo como pueden ser:

- El equipo de comunicación (un teléfono celular, una laptop)
- El auto proporcionado por la empresa o en caso de no contar con esa prestación, considerar en los requisitos de entrada que cuente con un auto propio y esté disponible para su trabajo
- Las tarjetas de presentación
- La folletería de los productos y/o servicios

- Las listas de precios de los productos o servicios y todo lo necesario para que el resultado solo dependa del esfuerzo del vendedor.

Si contando con todos los medios para la venta no da el resultado esperado en el plazo dado, entonces se tendrá que tomar la decisión de separarlo de su cargo por incompetencia. La decisión final deberá ser justa y equilibrada, no se pueden exigir los resultados del vendedor cuando no se le han otorgado todas las facilidades que requiere para su trabajo.

LA RENTABILIDAD DEL VENDEDOR

Además de la rentabilidad del vendedor, hay algunos aspectos de menor importancia que conviene ser evaluados especialmente en el plazo de prueba, como son:

SU ORGANIZACIÓN. El vendedor debe ser organizado para generar los reportes que se exigen en un sistema de CRM, en caso de contar con uno. Asegurarse de que todos los compromisos que ha generado con su cliente hayan quedado debidamente encadenados con cada departamento de la Empresa, así como, de ser necesario, dar el seguimiento para que el cliente reciba a tiempo lo que le solicita.

LA RESPONSABILIDAD. Observar la responsabilidad en su trabajo puede implicar desde la atención para los clientes, la atención de los tips que se le hayan encargado, la asistencia a tiempo a la oficina, su asistencia a las juntas de trabajo, el cumplimiento de su capacitación, etc.

EL CIERRE DE VENTAS. A la mayoría de los vendedores, debido principalmente a la falta de un buen sistema, se les hace difícil hacer el cierre de la venta; asegúrese que el vendedor tenga los conocimientos de un sistema de ventas proporcionado por la misma empresa para que esto no falle. El cierre de la venta tiene que ver con una mala estrategia en el proceso de las ventas y también a una falta de competencia por parte del vendedor.

LA RELACIÓN DE TRABAJO. En un área tan competitiva como es la de ventas, suelen darse conflictos de intereses entre los compañeros de trabajo cuando se interfieren con alguna cuenta que ya había registrado otro de sus compañeros y es ahí donde se debe evaluar su capacidad de manejar los conflictos con sus jefes y compañeros de trabajo.

Debe tratar bien a los encargados de los distintos departamentos, especialmente de aquellos que **lo a**poyan en el proceso de sus ventas, como son: el encargado del registro de pedidos, la facturación, el encargado del área de cobranza, los del almacén de producto terminado, los de logística para los envíos de los pedidos, ya que cuando un vendedor no cuenta con buenas maneras para tratar a los demás, puede afectar la gestión de ventas en agravio del cliente y del mismo vendedor.

EL ESPÍRITU DE SERVICIO. Es importante que se evalúe el espíritu de servicio y lo que se espera respecto a la respuesta en tiempo y calidad, ante las necesidades del cliente porque este problema no solamente incide en las ventas del agente, sino en la imagen general de la empresa.

RESUMEN

- Normalmente un vendedor requiere de un plazo para adaptarse y ser efectivo.
- Su remuneración suele llevar una parte en ingresos fijos, aunque la mayor parte de sus ingresos deberán provenir del pago de sus comisiones.
- Algunos empresarios optan por no considerar ninguna concesión para la curva de aprendizaje y no les importa que esto provoque una alta rotación del personal de ventas.
- El período de adaptación depende del tipo de producto; a mayor complejidad del producto o servicio, mayor deberá ser el tiempo que requiere para dar resultados.
- Los servicios intangibles son los más difíciles de vender y, por tanto, son los que requieren de un mayor tiempo para dar resultados.

- El entorno económico en el que se encuentre el mercado debe ser tomado en cuenta para considerarlo en el período de prueba.

PALABRAS FINALES

El propósito de este libro es que pueda ser un manual de consulta para ayudar a las personas que están en el área de Recursos Humanos de las empresas, a perfilar y encontrar aquellos elementos que constituyen el motor de una empresa, que son los vendedores. Estas personas tan elusivas son difíciles de encontrar, más que los de cualquier otro puesto de trabajo, ya que es como encontrar una aguja en un pajar, pues de cada 10 candidatos solo uno puede ser considerado un vendedor capaz para la empresa.

Los buenos vendedores tienen características de personalidad y de competencias que deben ser detectadas y evaluadas para contar con los mejores elementos, pero el problema está en que este puesto es atractivo para muchas personas porque les permite contar con un sueldo variable que se ajusta mejor a las necesidades y ambiciones de muchas personas, a diferencia de los otros puestos de la empresa, que son fijos y con un golpe de suerte podrían hacer las buenas ventas que solo existen en la imaginación, ya que sin contar con todas las características de personalidad, de competencias y un sistema de ventas, será prácticamente imposible conseguir los objetivos y solo servirán para quedar frustrados y con menos ingresos que si hubieran proseguido con su carrera profesional.

Cuento con la experiencia de 20 años en el reclutamiento y la selección de personal para apoyarte en esta tarea. Te ayudaré a localizar a los **"Garbanzos de a Libra"** con los que tu empresa va a reforzarse para llevarla al éxito.

SOY RENÉ FAJER

Soy Ingeniero de profesión y cuento con más de 20 años de experiencia en el reclutamiento y selección de personal, primero, para mi propio negocio y después para diferentes empresas micro y medianas. He tenido también la oportunidad de proporcionar el servicio de Head Hunting para diversas empresas transnacionales, que han tenido la confianza de contratar mis servicios.

Con toda esta experiencia, fundé EH Solutions, empresa donde busco mantener una relación de negocios a largo plazo con mis clientes, en base a la confianza, el servicio y ética profesional, mediante la misma metodología que he usado a través de más de 20 años de experiencia.

¿Cómo trabajamos? Realizamos el filtro de candidatos por medio de análisis de su personalidad usando grafología, que es una herramienta muy efectiva para prevenir problemas de comportamiento. El actuar de personal que lleva más de 30 años dedicado a la selección de candidatos complementa la efectividad en la elección de los perfiles más competitivos, lo que convierte a EH Solutions en la mejor opción en el mercado de reclutamiento especializado.

En estas líneas he buscado compartirte los elementos que mi experiencia me ha dejado para la contratación de ese vendedor que dedicará su vida a abrir nuevas cuentas para la empresa que le permita tener una remuneración económica acorde con su esfuerzo.

Si tienes alguna necesidad adicional en el área de reclutamiento y selección, me dará muchísimo gusto ayudarte a detectar y contratar a los Garbanzos de A Libra para tu empresa.

Conoce más de mis servicios en https://peoplewriteandwork.com

www.ingramcontent.com/pod-product-compliance
Lightning Source LLC
Chambersburg PA
CBHW070242220526
45465CB00004B/1492